Aux ailes bleues du vent

RECUEIL

de

POESIES   MIRLITONS

et

CHANSONS

ISBN 9782951632851

Table des matières

Comptine 123

Livret musical – histoire de Jehan de la Rose...163

Dans la tête d'un poète

On n'est jamais trop bête
Quand on parle dans sa tête

Quand c'est le corps qui parle
Et qu'on paraît bancale
Qu'on ressemble à un harle
C'est sûr que ça fait mal

Mais c'qu'on a dans la tête
Ca n'est pas cette bête

On vole bien au dessus des nuages
Avec les anges et tous les poètes
Avec les colibris anthophages
Qui butinent les pieds-d'alouette

On n'est jamais trop bête
Quand on parle dans sa tête

On n'est jamais trop bête
Quand on parle en poète

Je suis un traqueur d'idées un chasseur de maux
Funambule sur un fil de rasoir à trois têtes
Je suis un fakir d'idées grand veneur de mots
Je jongle avec les verbes les temps les épithètes

J'ai fait cent fois le tour du monde
Appris des pays les facondes
De chaque homme appris le langage
Des jeunes comme des vieux les adages
Mais toujours m'en suis revenu
Au champ lexical de mon cru

La rhétorique n'a plus aucun secret pour moi
Je dresse les litotes je dompte les adverbes
J'adopte des diérèses venues de l'au-delà
Capture les synérèses parasites acerbes

Poursuis le catoblépas traque le dahu
Harcèle l'ithyphalle et conspue le bohu
Déniche l'incunable et chasse l'acronyme
Admire Athéna, déesse d'Athènes éponyme

J'ai fait les quat'cents coups centiles
Décliné les quantiques antiques
Vidé les vers de l'échanson
Quadruplé les valeurs quantile

Mais toujours m'en suis revenu
Au champ lexical de mon cru

Inutile de vous faire un dessin lénifiant
Illustrant mon propos comme je le ferais
Pour décrire le mandrill ou le babouin hurlant
Singe cynocéphale simien des forêts

J'étais zanni à Zanzibar
Danseur de zapatéado
Zélateur glabre zététique
Cavalcadour pilier de bar
Polycéphale de Bornéo
Fier cardinal apoplectique

J'ai prisé les alcools éthiques
Joui effrénément mystique
Contemplatif eudémoniste
Des plaisirs fous de l'atavisme
Qui mènent à l'ataraxie
À la divine cataplexie

Me voici devant vous attendant sagement
Les attendus caustiques de votre jugement
Les moqueries cyniques aux accents d'Antisthène
Le verdict inflexible m'infligeant l'anathème

Métempsychose du bigorneau

Sur une musique de Jean-Marc

https://www.youtube.com/watch?v=qsx4sQJUnI0

Je vis d'air et de vent
De chants d'engoulevent
D'arômes gris de miel
De soleil de sommeil

Mon âme est vagabonde
Mon corps gît en la tombe
De manger si léger
Suis mort sans galéjer

Ma vie sans intérêt
Ruisselle en compotée
Indécent étalage
Insolent déballage

Historiens inventifs
En tirent conclusions
La couleur de mes tifs
Celle de mon caleçon

Les mots que j'ai laissé
Traîner ici et là
Trahiraient ma pensée
Pipotage et blabla

Me voici bigorneau
Accroché au rocher
Attendant la marée
Et la montée des eaux

Vie de mollusque idiot
Littorine comestible
Au goût irrésistible
Que l'on cuit au fourneau

Apocalypse nucléaire

https://www.youtube.com/watch?v=dVdwLRl4iSo

Intro musicale

Les hommes ayant désintégré
Le verbe il ne resta plus rien
Pas une chimère ni un chien
La terre était déshéritée

Le ciel d'armes trop encombré
Ne pouvant accueillir ces âmes
Elles restèrent en amalgame
En ce dépôt mal éclairé

Ici s'entassent pêle-mêle
Les âmes laides les âmes belles
Les âmes jeunes les âmes vieilles
Celle du poète celles des abeilles

Pont

Refrain
>   Ces âmes amères sans sépulture
>   Peignent leur nature sur les murs
>   Cela dessine une arabesque
>   Tantôt atroce tantôt grotesque

Chorus

On peut y voir l'âme d'un bougnat
Fier charbonnier de peu de foi
Argumentant encore une fois
Sur la valeur des auvergnats

Suspendu à une solive
Un maire véreux tenant un livre
Contenant toutes ses forfaitures
Et ses obscènes deleatur

Écartelé par ses bassesses
L'âme d'un curé pédophile
Sent ses roubignoles lipophiles
Lui exploser entre les fesses

Pont

Refrain
     Ces âmes amères sans sépulture
     Peignant leur nature sur les murs
     Cela faisant une arabesque
     Tantôt atroce tantôt grotesque

Chorus

Voyez ramper sans dignité
Ces âmes abjectes de députés
Qui ont voté le doigt en l'air
L'assaut des armes nucléaires

Ils cherchent en vain à échapper
A l'opprobre de l'humanité
Des milliards d'hommes qu'ils ont tués
Pour assouvir leur vanité

Mais ils ne peuvent éviter
Les coups sur leurs gueules de tarés
Les injures grises ni les crachats
L'ire froide de la foule qui bat

Pont

Refrain

      Ces âmes perdues sans sépulture
      Griffant leur cris sourds sur les murs
      Élaborant une arabesque
      Tantôt atroce tantôt grotesque

Chorus

Voyez les âmes des présidents
Qui appuyèrent comme des cons
Comme un seul homme sur les boutons
Tuant parents et descendants

Rouges de sang les âmes tristes
Des enfants errants innocents
Sur leurs motifs si bellicistes
Questionnent les âmes des présidents

Les mamans pleurent en silence
Sur ces décombres de violence
Les vies gâchées de leurs bambins
Ces petits corps de chérubins

Pont

Refrain

    Ces âmes amères sans sépulture
    Gravant leur effroi sur les murs
    Faisant ainsi une arabesque
    Tantôt atroce tantôt grotesque

Chorus

L'âme jaunie d'un chef d'orchestre
Écrit hagard de sa baguette
Une partition sans queue ni tête
Qui s'évanouit par la fenêtre

Bleus effarés des musiciens
S'accordent sur le 'la' du rien
Aucun son ne sort de leurs mains
Désormais les accords sont vains

Les âmes lasses des spectateurs
Tirent une dernière révérence
Applaudissant tous en silence
L'exploit futile de ces acteurs

Pont

Refrain

> Ces âmes rongées sans sépulture
> Gravant leur frayeur sur les murs
> Faisant de grandes arabesques
> Tantôt atroce tantôt burlesques

Chorus

L'âme pesante d'un éléphant
Piétine celle d'une porcelaine
Qui n'en à cure c'est évident
La mort aboli toute haine

L'âme festive du poète
Donne un dernier feu d'artifice
Ornant les murs de la bâtisse
De fastueux scintillements de fête

L'âme noire suie de l'assassin
Se glisse obscure et menaçante
Vers celle du justicier d'airain
Lui plantant ses dents dans les reins

Pont

Refrain

> Ces âmes rongées sans sépulture
> Claquant leur effroi sur les murs
> Dessinent de grandes arabesques
> Tantôt atroces tantôt dantesques

Chorus

L'âme Slave enivrée de vodka
Saisit barbare l'âme esquimau
La fait glaçon pour l'apéro
Tout en allumant son houka

L'âme flétrissante d'une amoureuse
Cherche à tâtons son âme sœur
Maladroite et fort malheureuse
Elle sent pourrir son petit cœur

Son tendre amour Slave et fin saoul
Gît étourdi pris dans la foule
Des âmes gluantes et putrescentes
Ainsi finissent les amantes

Pont

Refrain
      Ces âmes grisées sans sépulture
      Pissant leur détresse sur les murs
      Dessinent de larges arabesques
      Tantôt atroce tantôt gaguesques

Chorus

Rien désormais n'a d'importance
La mort remet tout à zéro
A l'heure de la dernière danse
Chiens et princes sont alter ego

Les âmes glissent sur le vent
Voici venu la fin des temps
Les âmes légères comme des plumes
S'évanouissent dans la brume

Les autres lourdes et visqueuses
S'enfoncent flasques très nébuleuses
Vers les entrailles de la terre
Juste où l'on situe les enfers

Pont

Refrain
        Ces âmes brisées sans sépulture
        Voyant leur bassesse sur les murs
        Gigotent abracadabrantesques
        Tantôt féroces tantôts clownesques

Chorus

Qui peut me dire pourquoi les hommes
Présument qu'ils sont immortels
Et que le temps compte pour des pommes
Leur donnant ces pulsions mortelles

Bien sûr tout ça n'est qu'un cauchemar
Anticipation ubuesque
D'une fin du monde orchestrée par
Politicards Grand-guignolesques

Personne ne peut imaginer
Qu'un homme sage sain et sensé
Décide seul de son côté
L'extinction de l'humanité

Parlez-moi de voyages

Intro
Je ne veux pas, moi, rester là
Là à pleurer sur mes malheurs
A remâcher le temps les heures
A repenser à tout à toi

Je veux partir, quitter cett' cage
Échapper aux mots aux tapages
Voir d'autres lieux d'autres images
Changer de vie tourner la page

M'enfuir, partir, voler, rouler
Marcher, ramper ou débouler
Camper la tête sous les étoiles
Ou dans un hôtel cinq étoiles

       Refrain
       Croyez-moi je préfère
       A vos gratte-ciels en verre
       Le rougeoyant désert
       L'infini de la mer

Pont

Je veux prendre un navire bleu blanc
Sur le pont le soleil le vent
Caresseront mon corps ma peau
Léchée par les embruns de l'eau

Je veux voir des lieux impossibles
Goûter les fruits inaccessibles
Le sel de la mer de Malfa
Les girofles de Djakarta

Sur un chameau ivre et bancal
Traverser les déserts de sable
En compagnie des hommes bleus
Dont on n'aperçoit que les yeux

Refrain
Croyez-moi je préfère
A vos gratte-ciels en verre
Aux routes imbéciles
Le sable chaud des îles

https://www.youtube.com/watch?v=1YNdNDAO97c

Mon enfant alangui aux étoiles sourit
Bien au chaud engourdi bouche close assouvie
Endormi sur mon sein, il a bu à sa faim
Mon amour enfantin ma chair mon sang mon saint

De l'argent pour le foin et de l'argent pour rien
Vieille mue de catin, bel ami Argentin
De l'argent pour de l'air, de l'argent pour la terre
Souris à la misère, creuse ton trou mon frère

De l'argent aux banquiers, de l'argent aux rentiers
Les cailloux des sentiers, les lingots des chantiers
De l'argent aux impôts, de l'argent pour les baux
Citoyens inégaux, injustices de fricot

C'était l'ultime tétée nous n'avons plus d'argent
Demain de la jetée j'arrêterai le temps
Finirai nos tourments épousant l'océan
Aux étoiles d'argent m'offrant au firmament

De l'argent pour frimer, de l'argent malmené
Montre Suisse horloger, bonus fous de panier
De l'argent aux traders, de l'argent que l'on perd
Casino jeux d'enfer, la maman désespère

De l'argent pour l'église, de l'argent aux bêtises
Petite nonne soumise, novice nu sous chemise
De l'argent pour le culte, de l'argent très occulte
Un bon coup d'pied au culte, pas d'pitié pour les
putes

De l'argent pour la mer, de l'argent goût amer
Course autour de la terre, des pouilleux qu'on
enterre
De l'argent aux bagnoles, de l'argent de bignolle
Équipées courses folles et des étrennes en tôle

Mon enfant alangui aux étoiles sourit
Bien au chaud engourdi bouche close assouvie
Endormi sur mon sein, il a bu à sa faim
Mon amour enfantin ma chair mon sang mon saint

C'était l'ultime tétée nous n'avons plus d'argent
Demain de la jetée j'arrêterai le temps
Finirai nos tourments épousant l'océan
Aux étoiles d'argent offrandes au firmament

La guerre n'intéresse pas les poètes

<https://www.youtube.com/watch?v=lwV00HcBL7s>

Bonjour je vends du vent
Je vis de l'air du temps
Mes chansons sont des fêtes
Et j'en ai plein la tête

La guerre les Talibans
Qu'est-ce qu'on en a à foutre
Nucléaire en l'Iran
Tu l'as dans l'œil la poutre

Français au Pakistan
On va vous mettre au pas
Il est venu le temps
D'enlever vos burqas

On fait partie d'l'OTAN
Et on est fier de l'être
Nos képis et nos guêtres
Le pas de l'oie tout l'temps

A la pêche aux moules moules moules
Avec mon p'tit panier et l'aide des traders
J'amasse et je roule roule roule
En décapotable de luxe lonlère

Le poète vend du vent
Et vit sur son divan
Qu'est-ce qu'il a dans la tête
Or des chansons de fêtes

Jéhovah ou Allah
Contre Lady gaga
Nettoyons les ruskov
A la kalachnikov

Ce s'rait bien qu'à Bagdad
Le Lann Bihoué bagad
A grands coups de biniou
Fasse suer le burnous

Le ministère d'la guerre
N'est plus ce qu'il était
Y'a plus qu'des militaires
Qui aspirent à la paix

Dans la vallée là-bas la la la la la la la
Dans la vallée d'l'Euphrate
Y'a des sourates et y'a des blattes
Dans la vallée là-bas la la la la la la la

La lune rousse

Sur une musique de Patricia Virly

https://www.youtube.com/watch?v=YRh8VN51bj0

La lune rouge
Dans sa robe soleil
Passe sa langue vermeille
Sur ses lèvres groseille

Érotique
Quand elle twiste ses reins
Quand elle passe ses mains
Dans sa chevelure rousse

La lune Rousse
Danse ondulante au milieu des étoiles
Enluminant la nuit de lueurs boréales

La lune Rousse
Se déhanche indécente au milieu de la nuit
Enflammant de ses charmes le ciel à l'infini

La lune rouge
S'immisce dans mon sommeil
M'invite à la rejoindre
Avant que je m'éveille

Le matin
Étire ses longs bras fins
Me caresse les reins
Jaloux de la déesse

La lune Rousse
Danse ondulante au milieu des étoiles
Enluminant la nuit de lueurs boréales

La lune Rousse
Se déhanche indécente au milieu de la nuit
Enflammant de ses charmes le ciel à l'infini

Une petite cantate

(adieu Margot)
Sur une musique de Max

https://www.youtube.com/watch?v=ltHh
bsbmcrY

je vous aime c'est fou
je vous aime c'est tout
Ne riez pas de moi
Je vous aime comm' un roi

Vos quartiers de noblesse
Vos dédains   de princesse
Vos manières cavalières
Votre argent vos grands airs

Je suis pauvre c'est vrai
Mais aux âmes bien nées
La valeur vous savez
N'attend pas les années

Riez tant qu'il vous plaît
Soyez fière sans pitié
ombrageuse et précieuse
ténébreuse vénéneuse

Je vous aime c'est fou
Je vous aime c'est tout
Je vous donne mon cœur
Je veux votre bonheur

Lisez-vous dans mon âme
La chaleur de ma flamme
Le ramdam de mon cœur
Qui brimbale tout mon corps

Allons ingrate à vous
Appartiennent mes jours
Appartiennent mes nuits
Vous à qui je dédie

Cet' petite cantate
Aux rythmes allopathes
Le sceau de mon amour
A vos pieds pour toujours

Je vous aime c'est fou
Je vous aime c'est tout
Voici bientôt vingt ans
Qu'un signe de vous j'attends

J'ai tout tenté ma foi
Les cadeaux les poèmes
Les mousses de foie gras
Les tissus de Bohème

J'étais prêt à renier
Mes amis mes parents
A quitter mon grenier
A partir en Iran

Cet' petite cantate
Aux coloris d'agate
Comm' les larmes de mes yeux
Allons Roger adieu

Au fil de l'eau passent les mots

Assis au bord du caniveau
Menton posé sur les genoux
Mon regard pensif frôle l'eau
Sans attention pour ses remous

Un bateau en papier plié
Suit son cours tanguant ballotté
Quelqu'enfant en amont le pleure
Il l'aura jeté par erreur

S'il porte un message il faudrait
Avant qu'il ne coule l'attraper
Mais il va si vite que mon bras
Est bien trop court pour cet exploit

Un brin passe dans l'indifférence
Pour lui il n'y a guère d'espoir
Ce n'est qu'un brin sans importance
Son sort me donne des idées noires

    C'est fou la vie qu'il y a dans un caniveau
    Je reste là sans pouvoir m'éloigner de l'eau

Dans l'eau le reflet d'une fille
Sa culotte est couleur coquille
Je ne lèverai pas les yeux
Je n'veux plus être malheureux

Un gamin chaussé de galoches
Dans un fracas d'éclats approche
Il saute à cloche-pied dans l'eau
Ca fait plein d'éclaboussures d'eau

Il chante un air bête à tue-tête
Une chanson parlant de gavroches
Comme lui les mains dans les poches
Rêvant d'un avenir moins bête

Il y est question de ruisseau
De guerre civile et de Rousseau
De soldatesque et de Voltaire
Se retrouvant le nez par terre

Un chien noir perdu lève la patte
L'eau devient jaune dans l'caniveau
Où traversait un mille-pattes
Emporté roulé par le flot

    C'est fou la vie qu'il y a dans un caniveau
    Je reste là sans pouvoir m'éloigner de l'eau

Je ne fais rien pour le sauver
Pas question d'y mettre les mains
Aucune envie de patauger
Je sais je ne suis pas un saint

Puis l'eau filante redevient claire
Je me demande comment elle fait
Pour changer d'air en un éclair
Reine du transformisme parfait

Le monde est plein de choses belles
Quand on l'observe à tire d'aile
Ou qu'on l'ausculte à la va vite
Comme l'onde claire m'y invite

Il y a tout un microcosme
A étudier au microscope
A scruter comme un macrocosme
Servant de kaléidoscope

    C'est fou la vie qu'il y a dans un caniveau
    J'en oublie mes soucis
    Je reste là sans pouvoir m'éloigner de l'eau
    Rien d'urgent dans ma vie

Que l'eau soit libre ou en fontaine
Qu'elle soit pure et claire qu'elle soit sombre
Diluée dans le sang de nos veines
Chaude et brûlante froide comme une ombre

    L'eau coule s'infiltre insaisissable
    Comme s'enfuit le temps indomptable

Qu'elle soit l'eau qui dort aux fontaines
Où se baignent de nues naïades
Bouillonnant en fond de cascade
Ou courant le ru d'une plaine

    L'eau coule s'infiltre insaisissable
    Comme s'enfuit le temps indomptable

Giclant des antiques fontaines
Jaillissant des pierres usées
Rafraîchissant les plaies des peines
Éclaboussant nos corps blessées

    L'eau coule s'infiltre insaisissable
    Comme s'enfuit le temps indomptable

Glissant sous l'aine des fontaines
Éructant des bouches geyser
Ravinant les sentiers déserts
Libre l'eau court la prétentaine

    Et la vie coule insaisissable
    Comme le temps s'enfuit indomptable

Il pleut il mouille c'est la fête à la grenouille

Allongé sur le dos je prends malin plaisir
À observer relax la tête de mon prochain
Dans sa quête obstinée de l'immédiat loisir
Sitôt que choit des nues l'indicible crachin

Oyez il pleut il mouille
Coasse la grenouille
Je me casse en vadrouille
Bavasse la cagouille

On ne veut pas payer au prix d'or le gazole
Crachote le pêcheur en mâchouillant sa chique
Ni qu'on nous inocule le virus avicole
Cancane la douairière d'un air fort pathétique

Bon dieu il pleut il mouille
Ça me casse les couilles
Bredouille le petzouille
Quand sa télé s'embrouille

Pas question de trimer jusqu'à la fin des temps
Balance d'un ton glacé l'ouvrier retraité
De sa loge de bignole la bigote se branlant
Sirote son absinthe en pissant sa piété

Merdre et cornegidouille

Deus polygame

A genou dénudée
Dans le froid corridor
La novice épousée
Abandonne son corps
Par un soir noir blafard
Au supérieur paillard

C'est pour servir son dieu
Qu'elle accorde ses charmes
Chaque soir en ces lieux
Aux moines lubriques des carmes
Quand il n'a que treize ans
Un enfant croit les grands

Pendant qu'on la pénètre tout au fond de sa tête
Pour oublier un peu la douleur qui la fouette
Elle chante les louanges de dieu et de ses anges
Elle s'agrippe à sa foi aux ailes des archanges
Pour ne pas déranger le besogneux bonhomme
Elle récite des psaumes dans le creux de sa paume

Tous ces hommes de dieu
Dont elle reçoit le pieu
Sont les représentants
De son nouveau mari
Qui lui-même est l'enfant
De la vierge Marie

C'est ce que lui a dit
Le père Jaculateur
Tout au fond de son lit

Pour qu'elle n'ait plus peur
En lui suçant sa fleur
Et pinçant l'aréole
De petite créole

Deus est polygame du pieu couvant des carmes
Il missionne ses légats ambassadeurs de charmes
Pour le représenter dans ses apostolats
Propagateurs de foi palatins et prélats
Prêcheurs officiels auprès de ses pucelles
Chargés du délicat rodage de jouvencelles

Tous ces hommes de dieu
Dont elle reçoit le pieu
Sont les représentants
De son nouveau mari
Qui lui-même est l'enfant
De la vierge Marie

Pour remercier les anges
Et les divins archanges
De tant de charité
Mise à la besogner
Elle récite des psaumes
Dans le creux de sa paume

Au fond elle le sent bien tout ça c'est pour son bien
Quand le vieux éjacule dans le trou de son cul
Elle a la certitude que le bondieu l'en-cule
Pour mieux la persuader qu'elle lui appartient
Que le meilleur vecteur de la foi véritable
C'est le sperme bien chaud des gros vits charitables

Pour remercier les anges
Et les divins archanges
De tant de charité
Mise à la besogner
Elle récite des psaumes
Dans le creux de sa paume

At seculum seculorum in gloriam eternam et scrotum des prêtres
pédophiles

Un automne de potiron

Sur une musique de Jean-Marc

https://www.youtube.com/watch?v=aMoYezGfnr8

Le potiron marron
Et son gros ventre rond
Vit dans le potager
Sans aucune amitié
Le reste de ses jours
La fin de ses amours

Laissé à l'abandon
Sans même un vieux carton
Dans le fond du jardin
Tout auprès du bassin
Et la sève a quitté
Ses racines dézinguées

L'hiver est arrivé
Sur la pointe des pieds
Apportant la froidure
La bise et les gerçures
Les pluies qui font verglas
Pour qui sonne le glas

Le vieux potiron rond
Les pieds dans des glaçons
Exprime des regrets
Sous son faux air benêt
Sait bien qu'il va mourir
Sans avoir pu goûter
Quelques uns des plaisirs
Que les hommes ont créés

Le mot que tu attends

Sur une musique de Patricia Virly

https://www.youtube.com/watch?v=FMqgfpMJ8uw

> Quérir le mot la fleur la pierre
> Qui ferme les blessures lapidaires
> Lapis-lazuli clefs de Saint Pierre
> Toile de jute drap de soie scalaire

Fil d'Ariane à chacun de tes cheveux
Tissés à l'écheveau de nos mémoires
Oubli en faire un don un aveu
Qu'en longue tresse relie notre histoire

Sur ta peau gravés nos prénoms
A la mienne effacés tous les noms
Une trace qu'on essuie d'une larme
Soluble dissolution spleen qu'on désarme

> Quérir le mot la fleur la pierre
> Qui ferme les blessures lapidaires
> Lapis-lazuli clefs de Saint Pierre
> Toile de jute drap de soie scalaire

Instants d'inattention d'inanition
Perdre en un jour toutes nos années
Une balançoire aux cordes fanées
Sur le pré gisants nos afflictions

En caillouter les chemins d'amertume
Enfouir à la terre de Sienne
Nos différences polychromes bitume
Revenir à Vérone à Venise à Vienne

Quérir le mot la fleur la pierre
Qui ferme les blessures lapidaires
Lapis-lazuli clefs de Saint Pierre
Toile de jute drap de soie scalaire

Revoir les tisserands aux branches des acacias
Les dauphins discrets de Zinkwazi in Africa
Main dans la main marche du temps
Dire simplement le mot que tu attends

Je t'aime.

L'Amour sans frontières

Sur une musique de Patricia Virly
https://www.youtube.com/watch?v=WlqJTSjkkUQ

Qui pourrait empêcher
Les Hommes de s'aimer
Par delà les frontières
Tout autour de la Terre

Quand la virtualité
Devient réalité
Les gendarmes et l'armée
Ne peuvent rien empêcher

    Du nord du sud de l'est à l'ouest
    De la banquise ou du far-west
    L'amour ignore les frontières
    Se rit des montagnes et des mers

Les ondes passent au dessus
Des nationalités
Des obstacles conçus
Pour empêcher d'aimer

Les visas les papiers
Les démarches compliquées
Les autorisations
La police la prison

    Du nord du sud de l'est à l'ouest
    De la banquise ou du far-west
    L'amour ignore les frontières
    Se rit des montagnes et des mers

Ils se sont rencontrés
Par WEB interposé
Ils cherchaient un amour
Qui se moque des vautours

Amour universel
Sans couleurs ni missel
Sans haine sans préjugés
Ni nationalité

> Du nord du sud de l'est à l'ouest
> De la banquise ou du far-west
> L'amour ignore les frontières
> Se rit des montagnes et des mers

Leurs enfants grandiront
Ignorant vos jurons
Loin de vos vanités
De vos atrocités

Leur amour est plus fort
Que tout vos coups fourrés
Et même de la mort
Ils sauront se garder

> Du nord du sud de l'est à l'ouest
> De la banquise ou du far-west
> L'amour ignore les frontières
> Se rit des montagnes et des mers

Blues liberté

Sur une musique de Patricia Virly

Je suis un oiseau migrateur
Aux pattes duquel on a lié
Un gigantesque radiateur
Qui m'empêche de m'envoler

Je suis un Touareg voilé
Teint de bleu cérulé glacé
De mon chameau les pattes coupées
Pour m'interdire de voyager

> Quand d'aimer trop la liberté
> Par d'autres on se voit empêché
> Nos musiques seront bâillonnées
> Nos corps nos âmes ligotés

Je suis colombe de la paix
Hirondelle du cœur de ballet
Princesse aux mille et un palais
Sultan des mers et vents ailés

Je suis la brume aux alizés
Surfant diaphane aux airs légers
Araméenne ou Sibérienne
Sumérienne Arachnéenne

> Quand d'aimer trop la liberté
> Par d'autres on se voit empêché
> Nos musiques seront bâillonnées
> Nos corps nos âmes ligotés

Quand nos califes d'ires se prennent
Sur nous vomissent toute haine
Nous traînent nus à leurs arènes
Nous battent à mort comme des hyènes

Je suis aurore de matin frais
Libellule frêle du marais
Abeille d'or en robe soie
Iris blanche céruse et joie

        Quand d'aimer trop la liberté
        Par d'autres on se voit empêché
        Nos musiques seront bâillonnées
        Nos corps nos âmes ligotés

Je suis le chantre de nos peines
Licorne duale manichéenne
De nos désirs de nos espoirs
Chantant le blues un peu trop noir

De nos malheurs nos désespoirs
Nos horizons aux bras aveugles
Monte le blues des idées noires
De nos Guitares saxhorns et bugles

        Quand d'aimer trop la liberté
        Par d'autres on se voit empêché
        Nos musiques seront bâillonnées
        Nos corps nos âmes ligotés

Chanter la vie est ses fragrances
Chanter la mort ses fins ses transes
L'heure véritable de nos souffrances
Nos blues en ré en fa cadencent

De nos musiques monte le vrai
Le blues en chair le blues en os
Sur nos désastres il tire un trait
Le blues défie nos vies de rosses

        Quand d'aimer trop la liberté
        Par d'autres on se voit empêché
        Nos musiques seront bâillonnées
        Nos corps nos âmes ligotés

Travail patrie égalité
Mensonge en guise de vérité
Les trente cinq heures de liberté
On nous impose de travailler

Plutôt mourir que d'obéir
Le blues est fait pour nous nourrir
Nous sustenter nous animer
Le blues c'est ça la liberté

        Quand d'aimer trop la liberté
        Par d'autres on se voit empêché
        Nos musiques seront bâillonnées
        Nos corps nos âmes ligotés.

La galère qui passe (blues)

https://www.youtube.com/watch?v=HVo50LB2Rbs

Ce soir dans les spires de fumées
Engoncé dans mon canapé
Un verre de whisky à portée de main
Je me remémore le chemin
Loin loin loin

J'ai vécu ces années
De richesses et de gloire
D'amour et de succès
Suivies de désespoir

De galère de misère
De descente aux enfers
De faim au creux du ventre
Et des nuits d'épouvante

Je marchais sans souliers
J'errais au bout du quai
Dansant comme un vaudou
J'étais devenu fou

Quelques notes claires sur la portée
Ce soir tu sais j'efface mon passé
Ma guitare vibre entre mes mains
Elle m'accompagne et je me sens bien
Bien bien

Sous mes doigts douze cordes
Cicatrisent mes plaies
Les arpèges s'accordent
A ma voix éclairée

La musique me donne
Tout ce que j'attendais
La couleur de l'automne
Et la sérénité

J'ai le cœur qui chancelle
Mes yeux sont embués
Le temps intemporel
Coule et se noie dans le passé

charity buiseness

https://www.youtube.com/watch?v=2ObyqHn3m1E

Ca m'a pris tout d'un coup
En plein mois d'août
Sans crier gare
A la gare

L'abbé Pierre ayant cassé sa pipe
Contre toute attention
J'ai pris la mesure de mon indifférence
De mon égoïsme

J'ai adressé mon CV
A Emmaüs
M'a envoyé chier
Aux puces

J'ai proposé mes services
A médecins sans frontière
M'ont tapé sur la cafetière
Trop novice

J'ai demandé à sœur Thérèse
Vous savez celle qui ….
Elle m'a jeté sa prothèse
Au nez j'en ai saigné

A la maire j'ai dit
Je suis volontaire
Pas pour la guerre
Mais pour le fourbi

M'ont dit d'aller voir ailleurs
Paraît qu'il y fait meilleur
J'y suis été
C'était pas mieux

Mais j'ai surpris une sale
Conversation verticale
Entre deux bénévoles
Dorés comme des idoles

Parlaient de sous sonores
Et trébuchants couleur
D'or portant fort intérêts
Aux taux majorés

Faudrait pas que ça s'arrête
Disait l'un en secouant ses poches
Qui tintinnabulaient
Au doux son des cloches

Les cloches qui vivent sur le trottoir
Avec pour réconfort leur litre de pinard
Leur chien puceux et leur tente
Leur gueule décadente

On n'a pas la chance d'un tsunami
Par an faut garder une poire
Pour la soif la pépie
L'heure de gloire

Un SDF logé c'est un client perdu
Du chiffre d'affaire foutu
Une allocation tsoin-tsoin
Une subvention de moins

Ah ! Le charity business
Vaut bien celui de la fesse
L'argent n'a point d'odeur
Non plus que la charité des voleurs

Amis de la poésie, poils aux pieds

Sur une musique de Jean-Luc Houbron
https://www.youtube.com/watch?v=ExQCyGcijqk

Un mirliton de mes amis
M'a dit Yfig on tourne en rond
Quand on veut faire une poésie
Les vers se doivent d'être bons

Faut bien compter les vers en pieds
Pas se soustraire quant à la rime
Se mettre un doigt dans la narine
Ni une plume là où ça sied

J'y ai dit mon pote tu chipotes
Du moment que je prends mon pied
Où est le mal si ça cahote
La rime j'me la mets où tu sais

Le nombre qu'il faut compter
J'm'en bats l'œil m'en tape le coquillard
C'est du cochon ou c'est du lard
Ca s'ra toujours fort critiqué

Yfig faut pas ainsi raisonner
Faut s'en remettre aux spécialistes
Si tu fais qu'à mirlitonner
On te rejettera de la liste

Quelle liste, mirliton mon ami
Celle des pros d'la poésie
M'en fous d'ta liste de poètes
Ce qui m'importe c'est la fête

La fête des mots et des idées
Traduire un songe une pensée
Sans avoir à tout bien compter
Me prendre la tête dans les doigts d'pieds

Le cul de l'ange dans les nuages

https://www.youtube.com/watch?v=e-7qCaS4OJE&t=36s

Et je suis là le cul assis sur la plage
L'esprit vide comme une première page
La bouche ouverte les yeux dans le vague
A regarder mourir sur la grève les vagues

Elles ont la même indolence que mon âme
A la pensée du grand vide de nos vies
En considération de tous ces blâmes
Dont les dieux ont prononcé l'avis

J'ai demandé à Jéhovah
A Jésus-Christ à Bouddha
A Mahomet à Lucifer
A Dante qui prie aux enfers
Si vous n'me croyez pas
Demandez au rabbin, il était là

Priant pour une aide de toutes mes forces
Allah de l'eau sorti soufflant comme un morse
Il était grand, beau, chevelu et barbu
Il me dit d'un ton las et fourbu

Quel inconscient me dérange pendant l'foot
Au moment où Ali allait marquer un but
J'étais terrorisé je n'osais plus parler
Si vous n'me croyez pas demandez à Jésus il était là

J'ai bafouillé ma peur de nos vies inutiles
Moi je croyais que seul un dieu savait la vérité
Il hurla, comment tu m'as dérangé pour ça ?
Il s'est jeté à l'eau comme un éther volatile

J'ai demandé à Jéhovah
A Jésus-Christ à Bouddha
A Mahomet à Lucifer
A Hitler qui erre aux enfers
Si vous n'me croyez pas
Demandez à l'abbé, il était là

Jésus, qui était là, est sorti d'une pierre
Il m'a dit, je parle pour dieu le père
Yfig tu n'es pas un bon chrétien
Tu n'es qu'un vaurien qui n'a foi en rien

J'ai vu dans ses yeux passer un éclair
Mon châtiment éternel était clair
J'allais griller comme Ravachol en enfer
Mes mains mes pieds chaînés par des fers

Un crabe qui nous observait sans bruit
Se transforma à la faveur de la pluie
En monstre cornu horrible et velu
Qui ne fit qu'une bouchée du petit Jésus

J'ai demandé à Jéhovah
A Jésus-Christ à Bouddha
A Mahomet à Lucifer
A mon chien qui pisse aux enfers
Si vous n'me croyez pas
Demandez à l'imam, il était là

D'une algue verte ondulante
Se détacha le visage de la vierge marie
Elle portait une nuisette transparente
Parfum musqué de chez charivari

Elle m'enlaça de ses bras évanescents
Ses yeux brillaient comme des diamants
Ses lèvres rubicondes et gourmandes
Se soudèrent aux miennes brigandes

Et puis l'amour a fait le reste
Ce qui a choqué les archanges
Quand j'étais sur un petit nuage, un ange
Elle, assouvie, languie sous la voûte céleste

J'ai demandé à Jéhovah
A Jésus-Christ à Bouddha
A Mahomet à Lucifer
A Villon qui crémit aux enfers
Si vous n'me croyez pas
Demandez à Soubirou, elle était là

De la confusion des grains de sable
Surgit Confucius comme de sa boîte un diable
Yfig, il faut me croire tu dois choisir ton dieu
Qui te protégera et te rendra heureux

Si tu t'entêtes à subsister athée
Tu auras tous les dieux contre toi
Pour se venger à froid de ton peu de foi
Chacun te rouera comme un âne bâté

Ils te pourchasseront jusqu'au fond de la terre
T'aiguillonneront à grands coups de cautère
Te videront le bide de ta tripaille
Te laisseront agonisant sur la paille

J'ai demandé à Jéhovah
A Jésus-Christ à Bouddha
A Mahomet à Lucifer
A Vishnou qui pète aux enfers
Si vous n'me croyez pas
Demandez au bedeau, il était là

Par la foudre et le tonnerre Zeus le grand
S'annonce, triomphant, sonnez chorus
Tombant du ciel en parachute blanc
Il choit dans les branches d'un eucalyptus

Yfig, m'a appelé éructe le dieu des dieux
Dans un discours qui se veut compendieux
Moi, atterré, ose à peine balbutier
Que les dieux intempestifs me font chier

Il sort son yatagan de son fourreau
Et dans un geste auguste et divin
Il décapite mille têtes de parigots
Qui passaient sur la plage jouant de l'octavin

J'ai oublié Jéhovah
Jésus-Christ et Bouddha
Mahomet, Lucifer
Et Voltaire qui se branle aux enfers

Si vous n'me croyez pas
Je m'en tape croyez mais sans moi
Je m'en tape mes rêves sont à moi
Si vous n'me croyez pas
Je m'en tape mes rêves sont à moi
Je m'en tape mes rêves sont à moi
Je m'en tape mes rêves sont à moi
Si vous n'me croyez pas
Je m'en tape mes rêves sont à moi
Je m'en tape mes rêves sont à moi

Entre deux âges :

https://www.youtube.com/watch?v=ZyAahE0AI7A

Ce silence qui nous précède

Qui nous succède

Ce silence me hante et m'obsède

Puis vient le tintamarre de nos vies
Qui commence par un vilain cri

Ce bric-à-brac de cliquetis
Ce tohu-bohu de jours et de nuits
Est-ce donc ça la vie
Et à quoi ça nous mène
A la couleur mate de nos insomnies
au bruit chiasseux du réveil
Le même boucan que la veille
Et puis le goût âpre de l'aurore
Annonçant un petit jour encore
Avec ses mots perdus d'avance
A limer nos dents au temps
A cracher au bassinet d'aisance
Nos pensées de pipi rance
Nos pensées faites de l'air du vent

Alors pour conjurer le mauvais sort
Pour annihiler l'odeur de la mort
Et vivre à la va comm'j'te pousse
Avec au coin des lèvres
Cette salive qui mousse

Et au creux de la plèvre
La peur viscérale
Le mal

On rit
On explose de rires
Des milliers d'éclats
On se met dans tous ses états

Tous ces éclats de rire
S'éteindront dans un soupir

Tous ces éclats de rire
S'éteindront dans un soupir

Fils de ....

https://www.youtube.com/watch?v=1TthAhRdtLo

Je n'ai pas eu la chance
De naître de noblesse
D'une digne duchesse
Grande famille de France

*

Si, je dis bien si
J'étais le fils de ....

De truc ou de machin
Ce plouc ce gros bourrin
Qui passe à la télé
Et ramasse du blé
A vendre des salades
Des musiques bien fades
Aux paroles salasses
En vers boiteux bien crasses

Je serais encensé
Cajolé admiré
Je serais grand seigneur
Payé en lingot d'or

*

Si, je dis bien si
J'étais le fils de ....

De bidule de chose
Ce grand roi de la prose
Qui écrit de son prose
Es mots simili gnose
Des phrases on n'peut plus creuses
De sa plume baveuse
Encensé par la presse
Titrage spécial mes fesses

Je n'ai pas eu la chance
De naître de noblesse
D'une digne duchesse
Grande famille de France

*

Si, je dis bien si
J'étais le fils de ….

Cette grande prêtresse
Qui enseigne et confesse
Des tas de gougnafiers
Pleins de pèze et d'osier
Hommes d'affaires en or
Marchands de beaux décors
De tissus brodés main
Et de fils superfins
Je serais envié
Courtisé adulé
Je roulerais carrosse
Sur des routes sans bosses

*

Si, je dis bien si
J'étais le fils de ....

J'étais cousin du roi
De cet état arabe
Qui consume sa foi
En jouant au cottabe
Sur ses femmes alanguies
Dans du marc de whisky
Envoyant ses mamelouks
Sur de grosses felouques
Chargées d'or et d'argent
Corrompre nos agents

Je n'ai pas eu la chance
De naître de noblesse
D'une digne duchesse
Grande famille de France

*

Si, je dis bien si
J'étais le fils de ....

De la grande famille
Qui tient pignon sur rue
Qui encage ses filles
Dans de drôles de tenues
Dans les quartiers rupins
Des fois qu'un gros malin
Les trouve à son goût
Et leur baise la main
Puis leur passe au cou
Un bijou opalin

*

Si, je dis bien si …
J'étais tout ça

Fini les mauvais matins
A prendre un petit train
Pour aller au turbin
Dans le quartier latin
Je mangerais foie gras
Tout comme un gros poussah
Dormirais dans la soie
Péterais dans la joie
J'aurais un gros négoce
On m'appellerait boss
J'aurais tout plein de gosses
Qui à leur tour seraient

fils de …. Moi je !!!!!!

Le blues du café au lait

https://www.youtube.com/watch?v=hU7zuNqGLN8

En m'levant ce matin
Soudain je m'sens pas bien
Car pour mettre dans mon lait
Je n'ai plus de café

C'est ça l'blues
C'est ça l'blues
L'blues du café au lait
Blues du p'tit déjeuner

Et quand je mets le lait à chauffer
Soudain je m'sens pas bien
Car il n'y a plus de gaz
Dans la bouteille à gaz

C'est ça l'blues
C'est ça l'blues
L'blues du café au lait
Blues du p'tit déjeuner

je verse le lait dans ma tasse
Mais je ne me sens pas bien car hélas
Le pain d'hier est bien trop dur
Et pour mettre dessus il n'y a plus de beurre

C'est ça l'blues
C'est ça l'blues
L'blues du café au lait
Blues du p'tit déjeuner

Et au moment de boire le lait bien froid
Soudain je m'sens pas bien
Car le lait à tourné
Ah là là là ça va mal
Ça peut pas aller plus mal
Ah la la quel chagrin
Je suis mal ce matin

C'est ça l'blues
C'est ça l'blues
L'blues du café au lait
Blues du p'tit déjeuner

Le blues du touareg

Sur une musique de Patricia Virly

https://www.youtube.com/watch?v=7zI4vk85AQk

Parler j'ai jamais su
Mentir j'ai jamais pu
Et puis j'ai pas de flouze
Et ça, ça m' donne le blues

Je suis la brume aux alizés
Surfant diaphane aux airs légers
Princesse aux mille et un palais
Sultan des mers et vents ailés

Je suis un Touareg voilé
Teint de bleu cérulé glacé
Je suis la gitane endiablée
Dansant le feu ensorcelée

Je suis le chantre de nos peines
Licorne duale manichéenne
De nos désirs de nos espoirs
Chantant le blues un peu trop noir

Je suis aurore de matin frais
Libellule frêle du marais
Abeille d'or en robe soie
Iris blanche céruse et joie

Chanter la vie est ses fragrances
Chanter la mort ses fins ses transes
L'heure véritable de nos souffrances
Nos blues en ré en fa cadencent

De nos musiques monte le vrai
Le blues en chair le blues en os
Sur nos désastres il tire un trait
Le blues défie nos vies de rosses

Le grand château vide

Elle est partie la rombière
Abandonnant sa chaumière
Poussiéreuse et visqueuse
Comme une vieille macreuse

Dedans son boudoir rient les rats
Les chats lacérant les sofas
Et copulant sans retenue
Comme le font les 'matuvus'

Disparue la marquise
Explorer la banquise
Ses ours blancs ses Inuits
Pour au moins mille nuits

elle n'a laissé qu'une vapeur
parfumée à la fleur d'urus
délétère et vile odeur
que redoutent même les canuts

et puis sur la commode
un mot très à la mode
que l'on écrit narquois
aimez-moi ou quittez-moi

Yfig et les chaussettes de l'archiduchesse sont-elles
sèches archi-sèches ?

La guenon Esopesque chez les bobos

https://www.youtube.com/watch?v=GrjHZr0pV8o

Une vieille guenon rouée
D'un grand arbre tombée
Descendit sans détours
Avant la fin du jour,
Jusqu'aux limbes obscures,
Aux voûtes en arcure

Pendant plus de deux jours,
Pour faire preuve d'humour
Thanatos la fit mariner
Dans son jus simiesque
Dans son bain Esopesque
Sans jamais se montrer.

Elle s'agitait en tous sens
Criant hurlant des non-sens
Des tas d'insanités
Et d'immoralités

Les autres résidents
Finirent par s'excéder
De tous ces égarements
De tant d'obscénités
Ce sont tous les enfers
Qui, bientôt, s'enflammèrent

Thanatos n'ayant d'obsession
Que la paix dans sa maison
Renvoya sur terre la guenon
Mais dans la peau d'un lion
Au pelage pelé troué
A la mâchoire édenté
A la voix enrouée
Aux pattes fatiguées

Le roi des animaux
Dans cette vieille peau
Etait la risée de sa cour
Et de son arrière-cour
Chacun de lui tirer le crin
De le rendre zinzin

Le plus petit caneton
Devenait un démon
Le bouc sans conteste
Etait son pire tyran
Un vilain malepeste
Un horrible Ægypan

Ainsi pendant un mois
Le grand roi aux abois
De mort lente agonisa
En butte aux quolibets
De ses sadiques sujets
Qui ne l'épargnèrent point
Jusqu'au jour de sa fin

De retour chez Pluton
Dans sa pelure de lion
La guenon fait grise mine
Comme si d'une aubépine
Il l'avait couronnée
Hadès lui rit au nez (de ch'val)

Mi-lion mi-guenon
Mi-roi mi-démon
L'entité prend un nom
Celui de singe-lion
Il en a la crinière
Et les mauvaises manières
La vertu guerrière
Et l'esprit de commère

Hadès cesse son rire
au vu de cette chimère
Il commence à se dire
Qu'il a fait une erreur
En renvoyant sur terre
La guenuche en fureur
Pour lui donner leçon
Sur les bonnes façons

Pour conserver la paix
Avant que le singe-lion
Ne foute la merde dans sa maison
Le maître des enfers prend décision
D'offrir au trublion
Le choix de sa prochaine vie
De ses propres soucis

La chimère ne se fait pas prier
Et sans perdre de temps
Demande illico une vie de bobo
Sans qu'on ait à compter
Que se passe une mi-temps

La vilaine lion-magot
Se retrouve au Marais
Au plein cœur de Paris
Avec sur le dos les habits
D'un fringant Nivernais

Les bobos sont des gens
Qui passent tout leur temps
A médire des autres
En jouant les bons apôtres

La commère se comporte
Comme ses nouveaux amis
Las ! Ils ne l'entendent pas ainsi
Et sur la peau de guenon pelée
Crient haro sur le baudet
Lui sautent sur le paletot
Lui rongent la laine du dos
La laissent sur le carreau
Morte comme un fagot

Moralité
Les vieilles singesses gueulardes et rouées
Qui traînent leurs vieilles mues enragées
A polluer nos vies de leurs babouines crinières
Feraient mieux de s'instruire des bonnes manières

La gitane enflammée

Sur une musique de Patricia Virly
https://www.youtube.com/watch?v=7zI4vk85AQk

Jouez chantez Tziganes
Danse danse gitane
Montent s'élèvent les flammes
Iridescentes âmes

Longues jambes corps gracile
Tournoyant s'enroulant
Aux flammèches indociles
Spectacle flamboyant

Jouez chantez Tziganes
Danse danse gitane
Montent montent les flammes
Et les errantes âmes

Danse gitane danse
Pour nos joies et nos peines
Tu dois entrer en transe
Pour effacer la haine

Jouez chantez Tziganes
Danse danse gitane
Brillent scintillent les flammes
Sonnent nos chants profanes

Ton corps de feux de braises
Enlace les ancêtres
Désireux de renaître
Du feu et de la braise

Jouez chantez Tziganes
Danse danse gitane
Montent s'élèvent les flammes
Iridescentes âmes

Tes doigts fins sont des lames
Qui déchirent le temps
Tes pieds agiles ardents
Foulent le sang les larmes

Jouez chantez Tziganes
Danse danse gitane
Tu attises les flammes
La nuit berce nos âmes

Quand l'aube apparaîtra
Nous reprendrons la route
Disparus tous nos doutes
Envolés nos tracas

Jouez chantez Tziganes
Danse danse gitane
Montre nous le chemin
Qui nous mène à demain

Aux ailes bleues du vent

Sur une musique de Robert Duval
https://www.youtube.com/watch?v=-k_65yZXm1c

Demain tout comme hier
Par le feu (et) le fer
J'en fais serment
J'en fais serment
Aux ailes bleues du vent

Je t'aimerai plus fort
Par la soie et par l'or
A l'infini
Que je meurs si
Que je meurs si jamais je mens
Par la foudre et sang

Et de nos baisers
Pour l'éternité
Au-delà même
Même Au-delà
Des limites du temps

Chevauchant les étoiles
Les astres de métal
Sur les ailes bleues
Sur les ailes bleues
Sur les ailes bleues du vent

J'inscrirai au diamant
Sur les vitres du temps
En lettres d'argent
Nos deux prénoms
Enluminés de feux xénon
Aux rémiges du vent

Et de nos baisers
Pour l'éternité
Au-delà même
Même Au-delà
Des limites du temps

Notre amour arc-en-ciel
Arômes de miel
Teinté ocré
Satin doré
Traversera l'éternité
Je sais l'éternité

Chevauchant les étoiles
Les astres de métal
Et les tourments
Et les torrents
Et les spires du temps

Notre amour de platine
Parfum de glycine
Teinté ocré
Satin doré
Traversera l'éternité
Je sais l'éternité

La nuit tombe sur la savane africaine

https://www.youtube.com/watch?v=yknOKpVGP30

Le soir flambant s'étend sur la savane sombre
Écoutez cet instant magique de sourd silence
Dans cette froide lumière intemporelle d'ombres
L'ocre le rouge le vert s'unissent en cadence
La vie sauvage suspendue comme inexistante
La faune s'irise de cet' lumière fauve haletante
La frêl' gazelle cess' de brouter l'herbe épicée
Le marcassin du pécari crie apeuré
Fracassant
Le silence
Qui s'était installé

Tout au fond de la case
La petite Zoulou
Dingana en extase
Écoute les bruits fous
De la savane sauvage
De la vie de la mort
De la faim de la rage
Des proies des carnivores

Voici venue l'heure étrange de tous les dangers
La nuit noirâtre efface toute luminescence
Le chacal fourbe sort zigzagant de son terrier
Les pintades affolées s'envolent en tout sens
L'hippopotame oublie le fleuve pour la prairie
Le lion sort de sa rêverie désenchanté
Le rire hideux de la hyène transperce la nuit
Il n'y a plus d'abri sûr pour se protéger
Seule la chance
Sauvera
La proie du carnivore

Tout au fond de la case
La petite Zoulou
Dingana en extase
Écoute les bruits fous
De la savane sauvage
De la vie de la mort
De la peur de la rage
Des proies des carnivores

L'aigle vole l'ultime lueur pour joindre son aire
Un marabout enfouit son cou nu sous son aile
La chouette effraie sort de son trou peureuse prend
l'air
Au fond de son gîte la mangouste agile se terre
Les yeux du léopard brillent dans l'obscurité
Le lion roux rugit réveillé et affamé
Les lionnes partent en chasse la bave aux
commissures

L'éléphant blessé agonise sous les morsures
C'est fini
Il fait nuit
C'est la loi du plus fort

Tout au fond de la case
La petite Zoulou
Dingana en extase
Écoute les bruits fous
De la savane sauvage
De la vie de la mort
De la peur de la rage
Et puis enfin s'endort

Héros Galactica
Chanson galactique

J'ai bourlingué aux quatre coins de l'univers
Au gré des vents des étoiles et de la lumière
Parcouru des millions de millions de parsecs
Buté des extra-terrestres sans salamalec

J'étais un chevalier seigneur interstellaire
Secourant l'opprimé l'orphelin et sa mère
Capitaine invincible paladin galactique
Gentilhomme grand et noble guerrier allégorique
Protégeant les étoiles (et) les astres célestes
Du zénith au nadir de l'est jusqu'au far west

J'ai sur chaque paupière gravé l'aigle royal
Aux confins de l'espace et du vide sidéral
J'ai perdu le chemin du retour à la terre
Oublié mes promesses effacé mes repères

Je suis un flibustier pirate interstellaire
Boucanier de comètes pirate corsaire solaire
J'ai tatoué sur mon dos drapeau noir têt' de mort
De Mars à Jupiter une fille dans chaque port
Dans chaque port s'endort
Fille en fleur qui m'adore

J'ai bourlingué aux quatre coins de l'univers
Au gré des vents des étoiles et de la lumière
Parcouru des millions de millions de parsecs
Buté des extra-terrestres sans salamalec

Je suis aventurier forban atrabilaire
Braconnier de planètes bandit pirate corsaire
J'ai tatoué sur mes bras couleurs noire têt' de mort
De Vénus à Orion une fille dans chaque port
Dans chaque ciel s'endort
Fille cannelle qui m'adore

Né d'une trace

https://www.youtube.com/watch?v=Qug9eg-G6DQ

Je suis né d'une trace laissée dans l'univers
Infinitésimale poussière d'une étoile
Venue des confins intergalactiques stellaires
Déposée par les vents cosmiques en fines voiles

La semence a germé en vie protozoaire
Établissant son règne tout au fond de la mer
Puis l'unicellulaire devint métazoaire
Sortant du fond des mers il marcha sur la terre

Je suis né d'une trace pas même une poussière
D'une trace plus infime que l'ombre d'une étoile
D'un souffle inaudible du fond de l'univers
Du bruissement d'une aile du murmure d'une toile

Au temps des dinosaures pour des millions
d'années
Je n'attendais qu'un signe une opportunité
Pour me mettre à marcher et puis à raisonner
A établir sur terre ma supériorité

Je suis né d'une trace d'un effluve éthéré
Dispersé sur la terre et dans tout l'univers
Évanescent arôme fragrance interstellaire
Vaporeuse spirée émanation glacée

Sitôt que je suis né j'ai conquis tous les lieux
J'ai poussé et bâti tué mes ennemis
Inventé et construit j'ai engendré les dieux
Renforçant mon pouvoir toujours inassouvi

Je ne suis qu'une trace perdue dans l'univers
Mais dont la prétention dépasse l'horizon
Des bornes galactiques jusqu'à la déraison
Plus loin que les étoiles et le système solaire

Mais comment finirai-je quelle est ma destinée
Connaîtrai-je la fin de tous les univers
Pour retrouver ma trace reviendrai-je en arrière
Suis-je le commencement ou la finalité

Je suis l'homme une infime poussière ordinaire
Une trace ridicule aux yeux de l'univers
Admirable organisme contenant l'infini
Mais dont la vanité forge l'ignominie

Clinique Corps à Corps

https://www.youtube.com/watch?v=r_uvgQTlEso

Si t'es fatigué de ton corps
Si tu n'supportes plus tes pieds
Que tes yeux ne sont plus d'accord
Que les gens te font des pieds d'nez

Viens vite dans notre société
Ici on répare tous les torts
On remet même les morts sur pieds
Dans notre clinique « Corps à Corps »

Mais si tu viens fais attention
Amène ton fric et ton pognon
On n'est pas des anges bénévoles
Sur nos tête y'a pas d'auréole

Toi qui a le nez bien trop long
Toi dont le blair est une galère
Toi qu'a un s'rin dans l'pantalon
Toi qu'a les seins comme ceux d'ta mère

Faut que t'arrêtes de t'en faire
Nous on soigne toutes les misères
On r'fait tout du pied jusq'au front
Du moment que tu as des ronds

Viens vite dans notre société
Ici on répare tous les torts
On remet même les morts sur pieds
Dans notre clinique « Corps à Corps »

Mais si tu viens fais attention
Amène ton fric et ton pognon
On n'est pas des anges bénévoles
Sur nos tête y'a pas d'auréole

Si t'en as marre de ton métier
On te fait un corps de pompier
Si t'as le genou qu'est tout gonflé
On te fait un copié collé

Tu regrettes de n'pas être une femme
On peut t'faire un échange standard
On te propose nos fines lames
Nos chirurgiens tranchent dans le lard

Viens vite dans notre société
Ici on répare tous les torts
On remet même les morts sur pieds
Dans notre clinique « Corps à Corps »

Mais si tu viens fais attention
Amène ton fric et ton pognon
On n'est pas des anges bénévoles
Sur nos tête y'a pas d'auréole

Dans du vieux on fait du moderne
On troque le derme et l'épiderme
On fait de toi un top modèle
Tu peux devenir immortelle

> Mais si tu viens fais attention
> Amène ton fric et ton pognon
> On n'est pas des anges bénévoles
> Sur nos tête y'a pas d'auréole

On croit qu'on a le temps

A-t-on vraiment le temps de tout comprendre
De tout absorber apprendre
De la vie de la mort et de l'amour
De tout expliquer toujours
De tout faire
Sur terre

On se dit sûr de soi
On croit avoir le temps
On se sent sûr de soi
On dit qu'on a le temps
Que la mort peut attendre

On est à peine né
Qu'on apprend à marcher
On suce encore son pouce
On lit dans le Larousse
La rousse

Vient le temps de l'amour
Des serments des toujours
Et puis d'être parent
D'élever ses enfants
Ses enfants

A-t-on vraiment le temps de tout comprendre
De tout absorber apprendre
De la vie de la mort et de l'amour
De tout expliquer toujours

De tout faire
Sur terre

Le travail métro boulot dodo
La paye au lance-pierre bobo
Viré sans appel merci patron
Chômage à tout âge c'est con
Toute une vie

On se dit sûr de soi
On croit avoir le temps
On se sent sûr de soi
On dit qu'on a le temps

On se retrouve âgé
Trop vieux pour travailler
Disqualifié retraité
Plus rien à espérer

Les enfants sont partis
Vivre leur propre vie
Nous voici grands parents
Où est passé le temps

A-t-on vraiment le temps de tout comprendre
De tout absorber apprendre
De la vie de la mort et de l'amour
De tout expliquer toujours
De tout faire
Sur terre

L'histoire n'est pas tout à fait finie
Les petits enfants sont là à leur tour
Pleins de vie
Demandent leur part d'amour
On voudrait que ça dure toujours

Ah putain je suis pas un poète

Ah putain je suis pas un poète
Même pas une mauvaise graine
Un empêcheur de semer la gêne
Un ægypan à cornes et aigrettes

Plus personne ne me sonne
Le silence s'est installé
Et Cypris m'abandonne
Ma baracca s'en est allée

Où sont les bonnes chères
Les contrats d'abondance
Les clients altérés de chimères
D'ambitions de bombances

C'est à croire qu'ils ont éradiqué
Les licornes et les blattes
Les moutons à cinq pattes
Tout ce qui me faisait rêver

Je ne suis plus le danseur d'étoiles
Que j'étais le chantre des pharisiens
Mal baisés et que leurs dames endimanchées
Considéraient mieux qu'un balai à trois poils

Supermarché

Intro

J'avais préparé une liste
Le frigidaire cette sale engeance
Ayant pris son air le plus triste
De courses à faire de toutes urgences

Pont

Direction le supermarché
Ami complice du frigidaire
L'air accueillant et débonnaire
Horrible rat en vérité

Refrain

Dans ton caddy mets tes trouvailles
De la lessive de la volaille
Bonbons glacés et viande hachée
Ta carte bancaire ton code secret

Chorus

Tête de gondole aux bras tendus
Produits trop chers et superflus
Ilot de perte montagne de fric
La marge explose à grands coups d'trique

Pont

Le boucher rouge bougon rugit
Dans sa boucherie plus de rôti
La poissonnerie ça pue la vase
La poissonnière est vraiment nase

Refrain

> Dans ton caddy mets tes trouvailles
> Un pack de bières des cochonnailles
> Une télé un chou pommé
> Ta carte bancaire ton code benêt

Chorus

Produits laitiers yaourts fromages
Rayon liquides je suis en nage
Au bricolage mes doigts coupés
Au rayon jouets voiture pompiers

Pont

Voici la caisse la file d'attente
Caissière aigrie mais pas méchante
Dans le caddy plein de babioles
Des trucs futiles et des bricoles

Dans ton caddy toute tes trouvailles
Chemise de nuit un peu canaille
Un chien en kit des boîtes pour chat
Ta carte bancable ton code bêta

Vieilles photos

Sur une musique de Patricia Virly
https://www.youtube.com/watch?v=n7NpOlwXqDM

Intro musicale

J'ai retrouvé dans le grenier
Au fond d'un coffre de corsaire
Sous une pile de vieux corsets
Qu'avait dû porter une rombière

Refrain :

> Un album de vieilles photos
> Photos anciennes toutes rouillées
> Avec des dates écrites au dos
> Et quelques mots calligraphiés

Chorus

Côte d'Azur mille neuf cent vingt
Nationale sept place du bouloir
Pépère en slip Montmartre le soir
Rue de la mer Mairie d'Anzin

Grand-mère grand-père ma mère mon père
Bébé tout nu le cul mafflu
Une houppette sourire d'enfer
C'est qui ce gros poupon joufflu

Un soldat vert et son barda
L'air épuisé regard fada
Engoncé dans son grand manteau
La tête ceinte d'une bande Velpeau

Refrain :

> Un album de vieilles photos
> Entre ses pages une fleur séchée
> Avec des dates écrites au dos
> Et quelques mots calligraphiés

Chorus
Maman je t'aime Fête des mères
Collier de nouilles bague en diamant
Saint Valentin lui c'est mon père
L'air amoureux il serre maman

Oncle Johnny ses rouflaquettes
Cousin Livy Tata Lucette
Une grande table pleine de victuailles
Des jeunes filles à l'air canaille

Une page jaune et le mot fin
Fin du voyage dans le passé
Larme salée vite essuyée
Je garde en tête bien des parfums

Refrain :

> Un album de vieilles photos
> Entre ses pages mon cœur serré
> Avec des dates écrites au dos
> Et quelques mots calligraphiés

La République fornique rue du Cirque !

Chers citoyennes chers citoyens
Amis des reines ou plébéiens
Syndicalistes entrepreneurs
Unijambistes enlumineurs

À toutes les femmes ainsi qu'aux hommes
Je dis mesdames et gentilshommes
Fermez les yeux et restez cois
Cela ne nous regarde pas

    La vie privée de notre roi
    Ça doit rester de bon aloi
    Ne pas tomber dans le gaulois
    Récupéré par les médias

La République est bonne fille
Quand elle fornique à la Bastille
Rue du cirque ou sous la charmille
Où qu'elle astique les jeunes filles

Faut montrer aux bons citoyens
Que notre roi n'est pas un saint
Qu'il est comme eux qu'il a une queue
N'en déplaise aux acrimonieux

La vie privée de notre roi
Ça doit rester de bon aloi
Ne pas tomber dans le gaulois
Récupéré par les médias

Sur mon scooter je roule à fond
Je passe au vert comme un frelon
Et je fends l'air comme un ballon
N'en déplaise aux caméléons

C'est des histoires pas politiques
Des excursions pornographiques
Libertinages libidineux
Dévergondages un peu scabreux

janvier 2014

les grands chefs

Qu'est-ce qu'un grand chef cuistot ?
D'abord, il se lève tôt
Pour aller au boulot
Cuisiner son piano

Le grand chef n'a pas peur
De mettre plein de beurre
Et tout plein de pinard
Dans son fond d'épinards

Le grand chef n'a pas l'temps
De goûter sa tambouille
Car il faut qu'il se grouille
Le temps c'est de l'argent

Le grand chef met du poivre
Du sel gros de Guérande
Des fleur(e)s de lavande
Des épices du Havre

Il faut qu'ça rôtisse
Du poulet aile et cuisse
Au four que ça rissole
La limande et la sole

Mijoter l'ortolan
Ne pas perdre de temps
À mater les gonzesses
Qui sortent de la messe

Le grand chef téméraire
Ajoute à l'ordinaire
Des graines de coriandre
Du safran d'Alexandre

Une pointe de cumin
Des pépins de raisin
Des fanes de carottes
Et du sang de coyote

Quand tout ça est fini
Le grand chef satisfait
File en catimini
Dégueuler vite fait

Quand satan s'invite à la table du diable

Chaudrons et marmites
Sur les feux crépitent
Bouillonnent et gargouillent
Cuisine de magouilles

Rugissez
Hystériques harpies
Crachouillez
Bavouilleux dégueulis

Vociférez
Atrabilaires critiques
Gesticulez
Satrapes pathétiques

Derrière le rideau rouge le buffet est dressé
L'orchestre des squelettes joue un air endiablé
Pour son anniversaire le diable fait la fête
Tous les feux de l'enfer virevoltent en paillettes

Partout dans l'univers le message est transmis
Les démons et les anges les archanges les nervis
Farfadets et lutins esprits et feux follets
Génies et gobelins ils sont tous aux aguets

Les bigots pique-assiette les furieux du coran
Les ânes analphabètes et les anachorètes
Tout ce qui vit prospère et danse sur la bête
Accourt furieusement sans tambour ni trompette

Ne ris pas mécréant
Quand s'invite satan
À la table du diable
Nous en sommes redevables

Ce pervers luctueux
Et ses vices hideux
Ses luxures innommables
Nous en sommes comptables

Chacun veut son quota des bienfaits du banquet
Ils s'écharpent ou s'éventrent pour un colifichet
Mais le diable s'agace de leur voracité
Leurs cadeaux paquetés dans les flammes sont jetés

Les damnés stupéfaits subissent ce spectacle
Les yeux écarquillés implorant le pentacle
Ils en oublieraient presque les brasiers flamboyants
Les tortures lancinantes les blessures des tridents

Les invités en place restent silencieux
Ils gobent avidement tous les plats opulents
Ignorant les lazzis les quolibets hargneux
Des allogènes exclus du festin luxuriant

Ne ris pas mécréant
Quand s'invite satan
À la table du diable
Tu en es redevable

Ses obscénités infectes
Ses perversions abjectes
Ses luxures innommables
Tu en es le comptable

Dans les chaudrons rougis des chairs humaines
surnagent
Avalées goulûment par les anthropophages
C'est Lucifer lui-même qui dirige la brigade
Disséquant tailladant mijotant l'estouffade

Les condamnés acquittent leur impôt de leur vie
Leurs corps ébouillantés ou bien grillés rôtis
Apaisent les appétits des voraces convives
Commensaux fortunés castes répétitives

Au grand bal de satan ne profite pas qui veut
Quelques privilégiés ont seuls accès au lieu
Ce sont tous des fidèles affidés plein de zèles
Francs maçons margoulins industriels modèles

Ne ris pas homme de rien
Quand s'invite le malin
À la table du diable
Tout le monde est coupable

Ses atrocités infectes
Ses veuleries abjectes
Ses orgies d'éventreur
Tu en es débiteur

On apporte au festin un met fort délicat
Un humain squelettique cloué sur une croix
Le voilà votre gars couronné d'aubépine
Qui va sauver le monde d'un canif et sa pine

On le jette à la braise la croix servant de broche
Il ne sauvera rien il finit en bidoche
Ses chairs au feu rôtissent ses cris ses râles
damnés
Promptement dépecé sur le buffet jeté

On s'égorge se piétine on tue à tour de bras
À qui arrachera les morceaux les plus gras
Il ne reste plus rien de ce piteux humain
Qu'il serve de leçon à qui fait le malin

Chaudrons et marmites
Sur les feux crépitent
Mitonnent ratatouillent
Gastronomies d'arsouilles

Rugissez
Horrifiques mégères
Crachouillez
Rachitiques phtisiques

Vociférez
Arbitraires iniques
Gesticulez
Tyrans paraplégiques

Le sabbat attendu peut enfin commencer
Enluminez les cierges aux branches des chandeliers
Que les vierges s'approchent bayadères
tourmentées
Leurs nombrils tannés d'or hypnotisent les damnés

L'œgypan priapique et le satyre phallique
Dardent leurs vits lubriques dans des poses
impudiques
Les nymphes hétaïres virevoltent érotiques
Comme un feu attisé par des vents cycloniques

Les derviches possédés tournoient en pleine piste
Les corolles de leurs robes la force de Coriolis
Toupies incontrôlées s'élevant dans les airs
Pour disparaître enfin au fond de l'univers

Ne ris pas homme de rien
Quand s'invite le malin
À la table du diable
Tout le monde est blâmable

Ses atrocités infectes
Ses veuleries abjectes
Ses orgies d'éboueur

Tu en es débiteur
Le raout démoniaque est à son paroxysme
Les ploutocrates ignobles les succubes hédonistes
(hébraïstes)
Les pontifes sataniques les nababs galetteux
Tout ce qui brille et luit ou geint excrémenteux

Gesticulant hurlant rotant pétant riant
Épileptiques acteurs de douleurs se tordant
Et des cris éruptifs dans une folle débauche
Irréelle comme une œuvre du peintre Jérôme Bosch

Des orbites roulent à terre des mains des bras des
pieds
Des corps nus démembrés des ventres éviscérés
Des femmes empalées des faunes décapités
Un enfer effroyable brutal ensanglanté

Ne ris pas gobelin
Quand s'invite le malin
À la table du diable
Tout le monde est pendable

Ses horribles forfaits
Ses féroces méfaits
Ses souleries d'alcoolique
Tout ça est pathétique

Et puis hors de portée tout en haut des gradins
Dans des loges de luxe le gratin du gotha
Se pavane au soleil servi par des larbins

Gants blancs chemises en soie et tenues de gala
Les élégantes ricanent à la vue du carnage
Caressant leurs diamants pour se rasséréner
Une main dans la braguette cherchant l'oiseau en
cage
Remontant leurs nichons pour mieux les décolleter

La haute société ressemble à s'y méprendre
À la fange qu'elle toise d'une supériorité
Qui lui vient de l'argent qu'escamotent les cendres
Des os des pue-la-sueur qui pour eux l'ont gagné

Ne ris pas boulingrin
Quand s'invite le malin
À la table du diable
Tout l'monde est pitoyable

Ses féroces forfaits
Ses horribles méfaits
Ses souleries bucoliques
Ça me donne la colique

Belzébuth en personne vient clore les bacchanales
Les catins décatis se retirent du bal
Les fils et les filles "de" s'emmènent par la main
Toute fête a une fin ils reviendront demain

Les vautours déplumés profitent du festin
Disputaillant aux hyènes et aux gnomes les reliefs
Arrachant de leurs griffes les lambeaux d'un coup
bref

Ils rognent les squelettes jusqu'à n'avoir plus faim

Quand plus rien ne subsiste s'avance la populace
D'une prudence infinie elle rampe jusqu'aux
rognures
Les plus vaillants se ruent pour chasser les rapaces
Puis ils crèvent les faibles juste pour quelques
ordures

FIN

Comptines

Une poule sur un mur
(chanson enfantine)

Ah joyeuse fiesta
La basse-cour en folie
Bruyant chambardement
En tenues de gala
Les cocotes jolies
Caquètent follement

Vive le festival
De tous les animals
Des dindons des pigeons
Des jaguars des chapons
Des chevals des dragons
Des ovins des cochons

Tout le monde veut sa part
De marrons de pognons
De délicieux achards
De maïs de jambons
Et c'est un agneau blanc
Qui leur ouvre le ban

Une vache un peu rosse
Amoureuse de la bosse
D'un chameau ordinaire
Qui n'a pas fait la guerre
Se rince le dentier
Dans un grand bénitier

Ah ! Joyeuse nouba
Donne-moi du nougat
La basse-cour en délire
C'est la fête et les rires
On danse la salsa
On chante la la la la

Tapage cacophonie
Fracs de cérémonie
Les cocotes jolies
Picotent des piments
Et des fleurs d'ancolie
Caquetant follement

Un canard fait le paon
Sourit de toutes ses dents
Pour convaincre sa belle
De lui ouvrir ses ailes
Pour se faire féconder
Pour lui faire des bébés

Un énorme frelon
Le vilain fanfaron
Fait vibrer ses bacchantes
Une oie très arrogante
Porte une camisole
Tissée au Capitole

Une poule sur un mur
Écoute les murmures
Les yeux écarquillés
D'un coq fort excité
Qui lui parle d'amour
Avec des mots glamours

Ah ! Joyeux tintamarre
Le requin dans la mare
La basse-cour ne désire
Que la fête et des rires
On mange du nougat
On chante la la la la

Marin des marinades

Maman les p'tits bateaux ...

ou

L'ÂGE DU CAPITAINE

Sur une musique de Max

https://www.youtube.com/watch?v=ofH-4sfm46Y

Hé ho – hé ho – hé ho
Ho hé – écho – écho
Tempêtes et cahots
Bourrasques et rouleaux

Brique brique le pont
Mon gentil moussaillon
Dans l'embrun et la brume
De la cale à la hune

Dans les vents et l'écume
Sous l'orage l'infortune
Astique frotte sans répit
Sans te plaindre et sans cris

Écarte les matelots
Qui te couvent des yeux
Te trouvent gracieux
Et t'offrent des cadeaux

Hé ho – hé ho – hé ho
Ho hé – écho – écho
Tangage et boléro
Roulis et vertigo

Hisse et haut matelot
Tu es fort maintenant
Tu maîtrises les flots
Tu peux parler aux grands

C'est toi qui à présent
Offre au jeun' moussaillon
Des cadeaux des présents
Et des regards fripons

Tu parcours l'océan
Du nadir au zénith
De l'ouest à l'orient
D'indiennes en annamites

Hé ho – hé ho – hé ho
Ho hé – écho – écho
Indiennes en sari
Annamites bikini

Tu as une jambe de bois
Mais tu es capitaine
D'un galion de trois mats
Qui court la prétentaine

Tu as rempli tes coffres
De soieries et d'étoffes
De pierres et lingots d'or
De diamants tricolores

Tu as tranché des gorges
Et bu des alcools d'orge
Eventré sans vergogne
Des cafards des vigognes

Hé ho – hé ho – hé ho
Ho hé – écho – écho
Sabre de sang et d'or
Crâne de commodore

Tu as perdu tes dents
Scorbut et mauvais vents
Ton œil s'est fait la malle
Mais ne te fait plus mal

Le bandeau qui le cache
Porte une tête de mort
Car tu te crois bravache
Quand tu es presque mort

C'est la fin mon ami
Tu perds ton sang glacé
C'est la fin de ta vie
Bien trop vite passée

Hé ho – hé ho – hé ho
Ho hé – écho – écho
Adieu la belle vie
Les filles et l'eau de vie

A l'enterrement d'ma vie d'garçon

Pour enterrer ma vie d'garçon
Avec panache et déraison
J'avais frété un corbillard
Tiré par quatre chevaux noirs

Ils m'emmenèrent au cimetière
Allongé nu dans une bière
Pas un ami n'était venu
Pas même un chien, l'eussiez-vous cru

Pas d'quoi pleurer me direz-vous
On voit bien que c'était pas vous
Et quand on m'a jeté dans l'trou
Ca m'a fait un peu mal au cou

Pour enterrer ma vie d'garçon
Avec panache et déraison
J'avais frété un corbillard
Tiré par quatre chevaux noirs

C'était pas que j'y tienne, au fond
A ma vie folle de patachon
A mes gonzesses de chiffons
A mes tournées de pochetrons

Mais malgré tout j'ai le bourdon
En pensant à tout ces moments
De liberté et de bourbon
De mains aux fesses incontinent

Les nuits folles de rock et de roll
Les guitares folk et le 'wash board'
Et ces filles dont j'étais l'idole
Pas une pour me couper la corde

Pour enterrer ma vie d'garçon
Avec panache et déraison
J'avais frété un corbillard
Tiré par quatre chevaux noirs

Simone, de mes voisins la bonne
A la frimousse si mignonne
Etait restée chez ses patrons
Faire cuire la soupe au potiron

Juliette, gentille gamine coquette
Elégante dans ses belles socquettes
Avec Maurice faisait la fête
Jouant les petites nymphettes

Bénédicte, horrible sorcière
Portant de rousses jarretières
Et deux yeux bleus au regard fier
Montait au ciel en montgolfière

Jacqueline, chaussée de bottines
Troussée de fines mousselines
Se trémoussait dans la cuisine
En compagnie de sa cousine

Pour enterrer ma vie d'garçon
Avec panache et déraison
J'avais frété un corbillard
Tiré par quatre chevaux noirs

Quant aux garçons, les arsouillons
Iconoclastes un peu couillons
Z'avaient la rate au court-bouillon
Et le crâne au marteau-pilon

Ils avaient fait, c'est pas malin
Une fête de carabins
Se soûlant jour se soûlant nuit
Oubliant l'ami que je suis

Moralité en explicit
Mariez-vous, mes frères, mariez-vous
Mais n'espérez pas des ami(e)s
Qu'ils soient présents au rendez-vous

Pour enterrer ma vie d'garçon
Avec panache et déraison
J'avais frété un corbillard
Tiré par quatre chevaux noirs

Le p'tit cirque animiste

Arrivé cette nuit
Sur les coups de minuit
Pendant que je dormais
Pendant que je rêvais

La neige et le verglas
Ne l'ont pas empêché
De venir jusque là
Croiser nos destinées

Roulottes d'un autre temps
Chevaux aux pas pesants
Le chapiteau dressé
Au ciel un pied de nez

Un dromadaire couché
Un lama tout pelé
Un lion une guenon
Un tapir trublion

Un P'tit chien famélique
Qui aboie à la lune
Une'chouette mélancolique
Hululant sous la lune

Le père la mère la fille
Carassin camomille
Caniche antipodiste
Et le fils trapéziste

Ça sent fort l'ordinaire
Le froid et la misère
Et pourtant sur la piste
Ce petit monde existe

Ils chantent les malheurs
Ils dansent le bonheur
Le public est conquis
Le spectacle réussi

Les enfants applaudissent
Ce clown un peu trop triste
Les hurrahs les bravi
Eclatent dans les cris

    Un P'tit chien famélique
    Qui aboie à la lune
    Une'chouette mélancolique
    Hululant sous la lune

Le fils joue de la scie
La mère acrobaties
Le père son otarie
La fille ses jongleries

Quelques pauvres qu'ils soient
Le public ne les voit
Qu'avec des yeux d'enfants
Même les grands parents

Roulottes d'un autre temps
Chevaux aux pas pesants
Le chapiteau rangé
Départ au pied levé

Le p'tit clown n'est plus triste
Le public l'applaudit
Au fond de la roulotte
De bonheur il sanglote

Sa meilleure récompense
Se trouve quoiqu'on en pense
Dans les rires' des enfants
Leurs applaudissements

Les p'tits cirques animistes
Les clowns un peu trop tristes
Cachent sous les costumes
Des cœurs sans amertume

Un P'tit chien sympathique
Une'chouette mélancolique
Tout ça ça fait le cirque
Dont rêve le public

Pirouette cacahuète

Madame la chouette
Dans sa boîte d'allumettes
Regarde la télé
Les yeux fermés

Monsieur hibou
Se fait cuire un gros chou
Dans une cass'role en bois
Se brûl' les doigts

Le p'tit chat Kakahouette
Aim' faire des pirouettes
Caché dans sa cachette
Au fond de ma chaussette

Monsieur moineau
Mont' sur un escabeau
Pour attraper du pain
Avec ses mains

Madame la taupe
Se lève au troisième top
Pour boire un peu de vin
De bons raisins

Le p'tit chat Kakahouette
Aim' faire des pirouettes
Caché dans sa cachette
Au fond de ma chaussette

Monsieur souris
Aime bien mangé du riz
Avec des pissenlits
Nu dans son lit

Madame chameau
Porte un joli chapeau
Pour manger du bon pain
Cuit au levain

Le p'tit chat Kakahouette
Aim' faire des pirouettes
Caché dans sa cachette
Au fond de ma chaussette

un bouquet des champs

C'est un bouquet des champs
Qui donne ses fleurs à tous vents

Une perle de rosée vient le caresser
une libellule s'y pose se reposer

Un mulot se presse de toutes ses pattes
Il craint pour sa vie se carapate

Un chouan perché sur son chêne-houx
L'aperçoit et lui dit hou hou hou

La rainette saute à l'eau de la mare
la belette la pipelette se marre

Le printemps se réveille délétère
Il est temps de faire l'amour à la terre.

Les lunettes de la chouette

La petite chouette
A perdu ses lunettes
Le gros hibou
Lui envoie des bisous

Le renard roux
A creusé un grand trou
Une cachette
Pour cacher les lunettes

Sans ses lunettes
Madame la chouette
Ne voit plus rien du tout
C'est bête comme chou

Madame la chouette
A trouvé la cachette
Monsieur hibou
Va fouiller le grand trou

Le renard roux
N'est pas content du tout
Que le hibou
Ose fouiller le trou

Sans ses lunettes
Madame la chouette
Ne voit plus rien du tout
C'est bête comme chou

Le renard fou
Lui jette de la terre
Et de la boue
Avec ses pattes arrière

Le gros hibou
Plein de terre et de boue
Crie à tue tête
En sortant les lunettes

Sans ses lunettes
Madame la chouette
Ne voit plus rien du tout
C'est bête comme chou

Le renard roux
Qui a raté son coup
Rentre chez lui
Avec un air contrit

La petite chouette
A remis ses lunettes
Fait des bisous
À son gentil hibou

Dans ses lunettes
Madame la chouette
À présent elle voit tout
Surtout son bel hibou

Le mot nu

<https://www.youtube.com/watch?v=wq_uYNPz-O0&t=58s>

Hier dans le métro
J'ai ramassé un mot
C'était un mot perdu
Et il était tout nu

....Plus une lettre

....A se mettre

Je l'ai mis dans ma poche
Car il était trop moche
Je l'ai emmené chez moi
A mon appart rue Quincampois

....Je l'ai réconforté

....Lui ai donné à manger

Et puis dans le dico
J'ai recherché ce mot
Pour retrouver les lettres
Qu'il convenait de lui mettre

....le 'A'

....N'lui allait pas

Ensemble on a épelé
Les lettres de l'alphabet
On a trouvé un 'I'
Qu'était pas trop petit

....Le 'B'
....Etait trop niais

On a décidé de laisser
Le 'C' de côté
Le 'Z' nous a paru
Par trop incongru

....Le 'K'
....On l'a laissé pour

Kafka

A la suite du 'O' on a mis un 'N'
Ca rendait un bon son
Ca nous donnait le 'ON'
Qui sied au mot qu'on aime

....Le 'R'
....Lui donnait de grands

airs

On hésitait pour le 'L'
N'était-ce pas trop féminin
Il a tendu la main
A dit 'oui' je prends le 'L'

....Pour le 'M'
....Il a dit 'amen'

On a beaucoup travaillé
Déjà la nuit était tombée
Mais on sentait qu'on arrivait au bout
Plus qu'une lettre et il tiendrait debout

....Par le 'T'

....On s'est laissé tenter

Enfin il était vêtu
Fier de son bel habit
Il s'est levé m'a dit
Yfig je ne suis pas déçu

....Mirliton

....Était son nom

Au bas de l'escalier
Je l'ai raccompagné
Il avait l''R' heureux
Plus du tout l''R' d'un gueux

....Au coin d'la rue

....Il a disparu

The naked word

Yesterday in the subway
I found a word
He was a lost word
And he was stark naked
………… …Not a letter
………… …to wear

I put him in my pocket
Because he was too rotten
I took him at home
To my place Street Quincampois
………… …I comforted him
………… … gave him to eat

And then in the dictionary
I searched for this word
To recover letters
That he agrees to wear
………… …The ' A'
………… …didn't feet

Together we spelled
Letters of the alphabet
We found a ' I'
Who was not too shy
………… …The ' B'
………… …Was too simple

We decided to let
The 'C' on side
The ' Z' appeared to us
Excessively incongruous
…………. …The ' K'
…………. …We let it for Kafka

After the ' O' we choose an ' N'
That gave back a good sound
That gave us a ' ON'
Who suits to the word that one likes
…………. …The ' R'
…………. …Gave him great airs

We hesitated for 'L'
Was not this too feminine
He offered the hand
Said 'YES' I take the 'L'
…………. …For the ' M'
…………. …He said 'amen'

We did a very good job
Already the night had fallen
But we felt that we were reaching an end
Just one letter and he would hold up
………… …By the 'T'
………… …He let tempt himself

And short he was clothed
To trust his beautiful dress
He rose and told me
Yfig I am not disappointed
………… …Mirliton
………… …Was his name

To the bottom of the staircase
I took back him
He had the happy 'R'
Not at all a beggar's 'R'
………… …At the corner of the street
………… …He disappeared

Qui a volé les noisettes du petit écureuil

Toute la forêt bruisse de mille éclats
L'écureuil roux est dans tous ses états
Quelqu'un a volé ses noisettes
Le rusé renard mène l'enquête

Il dit au loup de lui montrer ses dents
Pour voir s'il y a des noisettes dedans
Le loup lui donne son dentier
Et s'en va vite il est pressé

Messire renard arrête le blaireau
Ouvre bien grand que je vois ton museau
Pas de noisettes entre ses dents
Donc le blaireau est innocent

Passent la biche et son faon souriants
D'un bond souple ils franchissent le ruisseau
On voit très bien toutes leurs dents
Ils n'ont mangé que des chipos (chipolatas)

La belette sauvage et coquette rouspète
Messire renard j'aime pas les noisettes
Je préfère les œufs de la chouette
Ou les oisillons de l'alouette

La musaraigne passe fugace fluette
Le renard la croque cric crac bien dodue
Elle a un bon goût de noisettes
C'est la coupable convaincue

J'ai puni la fautive musaraigne
Dit le renard content de son enquête

Mais l'écureuil sous une châtaigne
A retrouvé toutes ses noisettes

Trois petits cochons

Sur une musique de Jean-Marc

Trois tous petits cochons
La queue en tire-bouchon
Se rendaient au marché
Un dimanche en camion

Trois petits porcelets
Qui aimaient bien le lait
Se rendaient au marché
Dans l'auto du fermier

Patachi patachon
Chantent les trois cochons
Chatelon chatelet
Fredonnent les porcelets

Le fermier le camion
Traversent la forêt
Le loup les voit passer
Il est tout alléché

Cochons et porcelets
Feraient un bon dîner
Surtout que son bedon
Est tirlibouchonné

Patachi patachon
Chantent les trois cochons
Chatelon chatelet
Fredonnent les porcelets

Le grand loup fait tomber
Un arbre sur le sentier
Tout le monde s'arrête
Ils n'iront pas à la fête

Le loup les a tous mangés
Cochons et porcelets
Et même le fermier
Mais il n'a pos pu digérer

Il a explosé
Et les cochons les porcelets
Et même le fermier
Tout le monde s'est sauvé

Patachi patachon
Chantent les trois cochons
Chatelon chatelet
Fredonnent les porcelets

Bonus :

Passe-moi donc le temps

https://www.youtube.com/watch?v=mrm0ub
7tapc

Passe-moi donc le temps
Que j'assaisonne ma vie
D'une graine d'automne
D'un rayon de radis
D'une heure creuse de vent
De trois pépins de pommes

Le saladier est vide
Emplis-le de ranci
Puis donne mon sapide
Au club du grand mufti

Par la fenêtre ouverte
J'ouïs le chant des fourmis
Sur le sentier des muettes
Paissent cois les yétis
J'engrange l'or des soies
Te l'offre qui que tu sois

La lune rougeoyante
Vêt son habit de fête
Dodeline de la tête
En mâchant des acanthes

Passe-moi donc la lune
Que j'épice mon huis
Qu'une seule brume brune
Enchant' l'air de mes nuits
Pulsation de pulsar
Il est déjà trop tard

Moi aussi j'ai des vers
Qui ne veulent rien dire
Je prends des pierres de cuir
Farcies de laine de verre
Ca les tue plus sûrement
Qu'un bol de firmament

Passe-moi donc le temps
Que je repasse ma vie
D'ombre de pattemouille
À la sauce quenouille
D'une peinture lavis
Et d'un glacis d'argent

Moi aussi j'ai des vers
Et même des asticots
Qui prennent de grands airs
Et portent calicots
J'ai aussi des mots creux
Des phrases poitrinaires
Concepts ténébreux
Jugements lapidaires

Le soleil les yeux vides
Écoute les murmures
De Vénus intrépide
Astiquant son armure
La poésie se meurt
On en fait une chose
Qui pue la nuit la mort
Et les mots saccharoses

Livret musical – histoire de

Jehan de la Rose

et

d'Astrid la Rousse

Homme « presse vinailles »
Homme « presse vinailles »
Sers-moi une pinte de ta « pinaille »

Homme « verse ripailles »
Homme « verse ripailles »
Sers-moi une tonne de ta volaille

Dame « Cœur-Accroche »
Dame « Cœur-Accroche »
Encouche-moi une belloche

Ainsi me parlent rêves brumissants
En odeur fade et goûts luisants
Et puis martèlent palessors gris
Devant l'échoppe du « Trompe Amis »

Chien « croque michonnes »
Chien « croque michonnes »
Concasse-moi une Teutonne

Oiseau volage
Oiseau volage
Dissipe-moi de ce cancage

Ombre pâlotte
Ombre pâlotte
Enhardis-moi vers ces hulottes

Croque bouffis en pourrissants
Tire-cochonailles debouts entrants
Voilent ma face de leurs bras nuits
Elles me regardent car je m'enfuis

Homme « presse vinailles »
Homme « presse vinailles »
Sers-moi une pinte de ta « pinaille »

Homme « verse ripailles »
Homme « verse ripailles »
Sers-moi une tonne de ta volaille

Dame « Cœur-Accroche »
Dame « Cœur-Accroche »
Encouche-moi une belloche

Ligures en tête groins baveux
Fripouilles en ire dégoulineux
Encrasses-toi fou débardant
Rumeurs de bar chambardement

Chien « croque michonnes »
Chien « croque michonnes »
Concasse-moi une Teutonne

Oiseau volage
Oiseau volage
Dissipe-moi de ce cancage

Ombre pâlotte
Ombre pâlotte
Enhardis-moi vers ces hulottes

Complainte de maître Villon

L'histoire se passe en quatorze cent cinquante
Quelque part un tertre au nord de Paris
Quelques pendus au vent râlent et se lamentent
Ils ont les yeux sont cavés les cœurs évanouis

Les vents les fouettent les pluies les ont débués
lavés
Pies et corbeaux piqués oiseaux   becquetés
Pour leurs crimes ils ont été jugés condamnés
Leurs chairs trop nourries piéça pourries dévorées

      Montfaucon
      Est le nom
      Du gibet en question

Maître Villon accoquiné aux coquillards
Pouilleux sans foi coupe bourses truands vantards
N'hésitant pas à assassiner sans remords
Si le butin voulu est fait de pièces d'or

En ce temps là maître François Villon
Étudiant à la faculté des arts
Écrit des poésies signées de son nom
Révolté y'a de quoi contre l'injustice

À ses amis les grands adresse des brocards
Et se moquant des Princes jugeant leur gloire
factice
Leur donne en héritage des peaux de saucisson
Refusant de servir à leurs chères d'échanson

     De servir
     D'échanson
     À la table des cons

Maître Villon accoquiné aux coquillards
Pouilleux sans foi coupe bourses truands vantards
N'hésitant pas à assassiner sans remords
Si le butin convoité est de pièces d'or

Mais les puissants toujours acquièrent raison
De la loi et des juges qui sont leurs pions
Villon est condamné banni exilé
Pour une durée de dix longues années

À compter d'an de grâce quatorze cents soixante
Il cesse ses écrits disparaît de Paris
On le dit à Poissy d'autres le disent à Nantes
Mais il s'est planqué à l'auberge du trompe-amis

     En mendiant
     Déguisé
     Pour duper les baillis

Maître Villon accoquiné aux coquillards
Pouilleux sans foi coupes bourses truands vantards
N'hésitant pas à assassiner sans remords
Si le butin envié est fait de pièces d'or

La ballade du Roy de France

Ah vous avez de bieaux visaiges
Ah vous portez de bieaux habits
Poches joufflues et flancs obèses
Panses gonflées de choux farcis

Tous :

      ah vous avez de bieaux visaiges
      ah vous portez de bieaux habits

Vous les seigneurs du Roy de France
Vous ignorez notre misère
Vous les baillis vous les notaires
Vous ne songez qu'à votre panse

Tous :

      Vous les seigneurs du Roy de France
      Vous ne songez qu'à votre panse

Quand nous les gueux les coquillards
Peuple soumis et banlieusards
Nous les exclus de la patrie
Larrons de force bourses taries

Tous :

      ah vous avez de bieaux visaiges
      ah vous portez de bieaux habits

Dans vos hôtels de Paris
Dans vos chaumières de Neuilly
Nous nos tanières de Grigny
Nous nos masures en Saint Denis

Tous :
> Vous vos chaumières de Neuilly
> Nous nos masures en Saint Denis

Le Roy vous choye et vous octroye
En privilèges et belles vies
A nous la crasse et vilénie
 Les chaînes en caves des beffroys

Tous :
> ah vous avez de bieaux visaiges
> ah vous portez de bieaux habits

Vous les seigneurs du Roy de France
Vivoyent en toute concupiscence
Jamais pitié de nous n'avez
Et ce mendiant vous rudoyez

Tous :
> Jamais pitié de nous n'avez
> Et ce mendiant vous rudoyez

Vous les seigneurs du Roy de France
Croyez avoir en tout défense
Pensant à n'avoir plus en crainte
Maître Villon banni par plainte

Tous :

     ah vous avez de bieaux visaiges
     ah vous portez de bieaux habits

Vous les seigneurs du Roy de France
Craignez pourtant que de province
Mettant fin à vos abondances
Villon revient Prince des pinces

Tous :

     Vous les seigneurs du Roy de France
     Craignez pourtant que de province
     Mettant fin à vos abondances
     Villon revient Prince des pinces

Chanson du mendiant (Villon)
et du Prince

Villon
Et toi jeune gentil-homme me feras-tu l'aumône

      Jehan
      Tiens mon pauvre homme prends ce ducat
      pour simple obole

Villon
Qui es-tu compagnon et quels sont tes mystères

      Jehan
      Je soyes Jehan dit de la rose Prince sans
      terre

Villon
Qu'as-tu en misère te forgeant si gris visaige

      Jehan
      D'amour je meurs   ma vie s'en va par le
      manège
      Après bonheur d'avoir connu mon âme sœur

      Quand voyageant près de mon oncle roi de
      Tryphème
      En terre d'Eire île de fer de sang et cœur
      Sentiers battus de vents ardents ad hominem
      Je rencontroye Princess Astrid si belle
      femme

Chevelure fine et boucles rousses visaige bel
Et lumineux   bouche carmin teint de canelle
Deux beaux yeux bleus comme des flammes
Qui d'un sourire a pris ma vie pris mon
destin

Depuis ce jour   si merveilleux ce jour divin
* Ma raison d'être elle devint aeternam*
Hélas son père héros guerrier par les
Anglois
Vilainement fut tué par les archers adroits

Jeune orpheline elle dut s'enfuir la mort dans
l'âme
Chez sa marraine grande duchesse de
Bretagne
Femme d'un Duc au cœur de pierre dure   de
Gallec
Ayant castel sis sur les flots   prison et bagne
Prince cruel ayant pour nom Kergavalec

Et je suis là sans plus d'espoir ni de raison
De vivre vie qui n'a de but ni de passion

Villon
Pour quoi ne pas de ses geôliers la délivrer
N'es-tu pas Prince chevalier homme bien né

Jehan
*Se je suis Prince ce n'est qu'un titre mais
sans armée
Je ne suis rien rien qu'un valet un Prince à
quai*

*J'ai bien requis mon protecteur très fortuné
Oncle Pausole roi de Tryphème et ses sujets
Homme très bon et généreux qui m'a choyé
Mais il n'a pas trouvé à droit de faire guerre
En mer d'Iroise parce qu'il a le mêl de mer*

Villon
*Prince sans terre tu me plais je veux t'aider
A conquérir à libérer ta douce aimée
Je te présente tes guerriers hommes sans foi
Sans loi sans peur fidèles amis contre les rois*

Chanson de Bois d'ébène dit Tartas et des truands à Villon

Frères de grande coterie
Amis fidèles en confrérie
Voici venu les temps enfin
De prendre en main notre destin
Ne soyons plus des assassins
Mais guerriers de noble cause
Oublions vols et larcins
Devenons fiers de notre cause

Tous :   ne soyons plus des spadassins
              Mais étripons pour noble cause
              Oublions vols ct larcins
              Pillons plutôt pour juste cause

Jamais plus ne craindrons la mort
Nous en serons les serviteurs
Ce jeune Prince est amoureux
Sachons nous montrer valeureux
Suivons-le jusques'en Gallec
Des pattes de Kergavalec
Nous sauverons cette Princess
De Jehan elle est la déess

Tous :   Sauvons sauvons cette Princess
              Des pattes de Kergavalec
              Et libérons cette déess
              Retenue en terre de Gallec

A toi Prince des coquillards
Des poètes et des banlieusards
Nous te jurons fidélité
Liberté et fraternité
L'amour du prince pour sa Princess
Vaut tous les titres de nobless
Le servir sera notre gloire
Pour toi Villon et pour l'histoire

Tous :   L'amour d'un Prince pour sa Princess
              Vaut bien un titre de nobless
              L'histoire de France nous grandirons
              Servons la gloire de Villon

Villon

    Si devons battre campaigne
    Aller batailler en Bretaigne
    Prenons l'avis d'Ægidius
    Devin dis-nous notre cursus

Ægidius   (jette les pions-figures
        Et pratique l'incantation magique –
parfois inaudible - et tombe ne transe)
HUMMMMMMM orbi
Quantus magnificat belli'
Cum sub ratificacionem
Ad obstrufricandatori
Per juventus et hominem
RAHHHHHHHHH secondo
Paginus asinum folio
Sic transit Gloria mundi
Perfectabilis generis
Ahhhhhhhhhhh !!!!! vici

Je vois un voyage serein
Que nous mènerons d'un bon train

Nos aventures mémorables
Les vents nous seront favorables

Encouragées des Corybantes
Prêtres fidèles de Cybèle
Protégeront nos caravelles
En mer les voiles seront ardentes

Je vois aussi des sortilèges
Fausses pierres de florilèges

En la forêt de Brocéliande
Pierre jaunies en pierreries
Craignez cette sorcellerie
Comme craignez mauvaise offrande

L'accueil au castel chaleureux
Duc et Duchesse bienheureux
Protègent la Princess Astrid
Heureuse et sans la moindre bride
De notre Prince est amoureuse
Mais à la fin point n'est heureuse

Villon

Ægidius ton dit est d'or
Et les augures nous sont bienfait
Il n'est question de notre mort
Le mage nous a dit ce qu'il sait

Compagnons partons pour Gallec

Tous

Partons pour les terres de Gallec

Chant des pirates du Conquet

Oh ! Oh ! hissez haut
Hissez haut l'estingo
Foquez matelots
Drissez le calango

Nous les pirates du Conquet
Appareillons sans plus tarder
Les cales pleines de lingots
Bien cachés dans de gros tonneaux

Les cales pleines de lingots
Bien cachés dans de gros tonneaux

Oh ! Oh ! hissez haut
Hissez haut l'anchambot
Foquez matelots
Drancez le parambo

Nous franchirons la mer d'Iroise
Aux eaux froides couleur turquoise
Transportant le roi de Tryphême
Au châtel de l'île de Molène

Transportant le roi de Tryphême
Au châtel de l'île de Molène

Oh ! Oh ! matelots
Radez vos vertigos
Calez les hublots

Souquez dos contre dos

Notre frégate sur les flots
Filera comme un cachalot
Accrochez-vous au bastingage
Y'aura du roulis du tangage

Accrochez-vous au bastingage
Y'aura du roulis du tangage

Oh ! Oh ! matelots
Cordez vos boutefeux
Calez les hublots
Targuez les crachefeux

Le roi de France et ses corvettes
Nous fait la chasse à l'espinguette
Nos batteries de cent canons
Les coulerons toutes par le fond

Nos batteries de cent canons
Les coulerons toutes par le fond

Chanson de Tryphême et Judas

Pausole

> Dis-moi Judas as-tu bien fait
> Tout ce que je t'ai ordonné

Judas

> Messire dix caisses sont sur le char
> Toutes remplies de pierres peintes
> D'un beau jaune fin comme de l'or
> Ensorcelé par Maldoror
> Grand enchanteur de magie noire
> Par orpiment et coloquinte

Pausole

> Tu te feras passer pour moi
> Près du Duc Kergavalec
> Et la pucelle achètera
> De cette monnaie de mafia
> Qui ne vaut pas plus qu'un kopeck
> L'or gardera son bel éclat
> Le temps d'emmener la princess
> Dans cet habit de chanoiness
> Loin des enceintes du châtel
> Où j'en ferai mon hydromel

Judas

> Oui da messire qu'il en soit fait
> Selon vos ordres et vos désirs
> Ce soir la Princess par mon biais
> Sera toute à votre plaisir
> Duc et Duchesse avant l'aurore

Seront morts de brutal angor
Et l'on retrouvera leurs corps
Aux pieds des falaises d'Armor

Chanson d'Astrid à Jehan

J'ai fondu mes yeux dans les cieux
Déchiré mes mains aux pierres
Epuisé mon cœur dans les airs
Brûlé tout mes espoirs aux feux

J'ai son visage aimé gravé
Au plus profond de ma mémoire
Il ne s'effaceroy jamais
Jamais jusqu'à mon dernier soir

Ah ! Comme j'aimeroy pouvoir voler
Partir à sa recherche sans plus tarder
Franchir monts et vallées terres et mers
Accéder aux secrets de l'univers

Je donneroy n'importe quoi
Pour le revoir au moins une fois
Le serrer fort entre mes bras
De tout l'amour que j'ai en moi

Il est ma vie mon second moi
Il est ma seule raison d'être
Lui seul pourra me faire connaître
Ce que la vie attend de moi

Ah ! Comme j'aimeroy pouvoir voler
Partir à sa recherche sans plus tarder
Franchir monts et vallées terres et mers
Accéder aux secrets de l'univers

Chanson de Jehan à Astrid

Oyez oyez gente damoiselle
Oyez oyez genty damoiseau

Je conte au jour d'huy le récit de mon émoy
Ayant vu la Beauté que tant d'ans recherchoy
Grâce et féminité miel et sensualité
Tout ce dont j'ai rèvé sans oncques l'espéré

A ses courbes légères au miel de sa peau
A ses boucles ocrées à ses lèvres rosées
A son visage ensoleillé ses bras rameaux
Mes yeux trahissent le trouble de mes embrasées

Je voudroy estre guerrier preux chevalier
J'iroy au bout de monde chevauchant destrier
Affrontant Thanatos combattant mille armées
J'avanceroy sans halte jusqu'à la retrouver

Pour elle je construiroy un palais admirable
Sur son sein parfumé déposeroy mon âme
Sur ses cuisses alabastres mes lèvres de flamme
A la margelle de son puits mon ithyphalle

Mon corps couvrant le sien je serai bouclier
Aux nuisances cosmiques aux Dieux Olympiques
Ma lippe à ses paupières closes héliotropiques
Mes fantasmes scellés donneroy les secrets

Chanson d'Astrid et de Jehan

Jehan

Est-ce vous mon aimée

Astrid

Est-ce toi mon Prince
Comment es-tu ici
Et viens-tu de province
Ou viens-tu de Paris

Jehan

Enfin je t'ai trouvée
Tu es ma galaxie
La source de ma vie
Ma raison d'être ici
Oui je viens de Paris

Astrid

Tu es bien téméraire
Cher source de lumière
Je tremble à l'idée
De toutes les misères
Que tu as surmonté

Jehan

Quand on aim' comm' je t'aim'
On feroy tout sur terre
Même aller à Molène
Pour sauver celle qu'on aim'
A pied ou en galère

Retrouver celle qu'on aim'

Astrid

Tu dois être épuisé
Viens donc te reposer
Je voudroy te donner
Plus de cent mille baisers
Recouvrir tout ton corps
Des ardeurs de mon coeur

Jehan

On te disait cloîtrée
Prisonnière maltraitée
Par un oncle furieux
Duc irascible et vieux

Astrid

Mais quelles sont ces sornettes
Que l'on t'a racontées
Quel est le malhonnête
(Qui t'a bandé les yeux)
Qui me dit malheureuse
Je suis libre et heureuse
De t'avoir retrouvé
Allons sans plus attendre
Viens vite dans mes bras
Je serai ta Cassandre
(Et toi cheval de Troie)
Me donner toute à toi

Jehan

Donne-moi un moment
Juste quelques instants
Que je cueille des fleurs
De toutes les couleurs
De toutes les odeurs
Des fleurs encore des fleurs
Pour oublier les heures
Qui forgent les malheurs
Qui font couler les pleurs
Et saigner les p'tits coeurs
Des fleurs, tout plein de fleurs
Pour ne plus penser qu'au bonheur